NO DIVÃ DO GIKOVATE

Flávio Gikovate

CBN LIVROS

NO DIVÃ DO GIKOVATE

EDITORA GLOBO

Aos queridos amigos
Maria Célia e Silvio de Abreu,
pelas três décadas de intimidade
e lealdade – isso sem falar
das gargalhadas.

SUMÁRIO

APRESENTAÇÃO

Sempre achei que psicologia era tema de interesse geral, que devia ser tratado em linguagem coloquial e ser acessível ao maior número de pessoas. Assim, além da clínica, tenho feito de tudo, desde 1977, para contribuir na divulgação dessa ciência: escrevi para jornais e revistas, tornei-me âncora de programas de televisão, fui entrevistado por incontáveis veículos, viajei o país inteiro partilhando o que aprendi.

Há cerca de vinte anos participei de um famoso programa de rádio em Nova York, pioneiro no trato de assuntos relativos à sexualidade. Fiquei encantado com a adequação do veículo a respeito de temas tão delicados à nossa alma. Foram criadas condições para a livre manifestação de sentimentos e, o que era melhor, em um contexto de sigilo absoluto. Desde então, alimentei a vontade de fazer algo parecido aqui. Esse sonho se realizou em agosto de 2007, graças ao gentil convite de Mariza Tavares. Sob sua delicada, cautelosa e firme orientação, aprendi os primeiros passos, já que não é nada fácil falar a uma plateia virtual e controlar o tempo, além de se posicionar diante de imprevistos de um programa "ao vivo" e interativo.

Com o passar dos meses, tenho me apaixonado cada vez mais por esse trabalho, que é mesmo de uma riqueza extraordinária. De repente, recebi a notícia de que a Editora Globo estava interessada em transformar em livros alguns programas da CBN,

inclusive o *Divã*. Fiquei deslumbrado e preocupado em proporções idênticas: qual será o resultado de um empenho de sintetizar tantos programas, tantas participações?

Mais uma agradável surpresa positiva. O resultado do trabalho superou em muito minhas mais otimistas expectativas. Ao ler o material que me foi enviado para a revisão, fui me encantando cada vez mais com o projeto, agora também editorial. Trata-se de um retrato fidedigno do que tem acontecido ao longo desses mais de dois anos de encontros semanais que tenho tido com ouvintes. Aliás, quero registrar meu débito a eles, pelo carinho com que têm me distinguido. O público que me tem acompanhado com regularidade só cresce, e essa é a maior recompensa que poderia receber. Agradeço também aos produtores, aos técnicos e a todos que me ajudam, e muito, na plena concretização de meu sonho.

Agradeço e parabenizo de modo particular ao pessoal da Editora Globo pelo belíssimo trabalho. Espero que ele possa ser útil ao maior número possível de leitores de todas as idades.

Flávio Gikovate

O CIÚME ALIMENTA A IMAGINAÇÃO

O ciúme é parte integrante do nosso modo de ser. Certamente tem bases biológicas, porque se manifesta de forma espontânea nas crianças – especialmente quando nascem os irmãos – e também nos animais domésticos. Pode ser estimulado ou não por uma dada cultura, e a brasileira o incentiva, já que está entre as chamadas provas de amor. Mas isso não é verdade absoluta. Pessoas que amam menos e são essencialmente egoístas costumam ser tão ou mais ciumentas do que aquelas bem apaixonadas.

O ciúme pode ser sentimental e, nesse caso, envolve o relacionamento, por exemplo, da mulher casada com a mãe (ou os filhos), algo que deixa o marido muito incomodado. Pode ser, mais do que tudo, sexual – medo de que o parceiro venha a partilhar intimidades físicas com outra pessoa. O ciúme sexual tende a ser mais intenso entre os homens, que não querem ser objeto de comparação com outros do mesmo sexo e não suportam a ideia de ficar malfalados por colegas e conhecidos. Até porque eles sabem que as mulheres raramente partilham intimidades físicas com o sexo oposto sem algum tipo de envolvimento sentimental.

O ciúme pode ser infundado ou ter base na realidade. Pessoas casadas com parceiros pouco confiáveis têm ciúme calcado em possibilidades reais de traição, ao passo que aqueles que mantêm parceiros confiáveis são ciumentos porque sofrem de forte insegurança pessoal. O ciúme tem justificado inúmeras atitudes autoritárias, ou violentas, o que considero, mais do que tudo, manifestação de descontrole emocional e excessiva condescendência social com essa emoção.

*

Como lidar com um namorado ciumento? Namoramos há mais de um ano, nos amamos muito, mas ele imagina coisas que não têm o menor cabimento. Na primeira vez que fomos ao teatro, cismou que eu estava roçando o braço no rapaz sentado ao meu lado. Na segunda vez, disse que havia dois homens de olho em mim e que um deles parecia me conhecer. Nem havia percebido. Na época, ele morava na casa da ex-namorada e, mesmo assim, eu confiava nele. O ciúme pode ser considerado doentio? (Marcela)

Você parece ser uma pessoa que tem confiança em si mesma e talvez tenha a capacidade de acreditar naquilo que simplesmente vê. Seu namorado demonstra gostar mesmo de você e tem interesse em agradá-la. Mas o ciúme é fruto da insegurança dele. Quando a desconfiança tem razão de ser, o ciúme não é patológico; quando é exacerbada e sem razão, está-se diante de um ciúme que deve ser tratado como doentio. O ciumento inventa, fantasia, vê histórias onde não existe. Seu namorado não tem propriamente ciúme patológico, mas enxerga em possibilidades remotas algum tipo de correspondência de sua parte. Pode ser que os rapazes no teatro tenham mesmo olhado para você, mas isso não é problema seu, nem deveria ser dele. Deveria, sim, ser motivo de alegria por ele ter uma namorada bonita e atraente.

Minha parceira é ciumenta e possessiva. Acredita que ser simpático é indício de que estou dando em cima das pessoas. Se não atendo o telefone, é porque estou aprontando. Ela acha que é promíscuo eu sair com meus amigos. Já fizemos terapia juntos, mas não rendeu bons resultados. Essa situação me irrita muito. Como lidar com o ciúme? (Henrique)

Se você é, de fato, um homem leal, que não mente, o problema está vinculado à insegurança de sua parceira. Mas é preciso tomar um pouco de cuidado com essa sua simpatia, já que pode ser um jeito sedutor de lidar com as pessoas, ativando ainda mais o ciúme e a possessividade de sua mulher. Ela parece ter um medo muito grande de que você possa escapar do controle. Estamos, portanto, diante da imaturidade emocional dela, que deveria buscar ajuda psicológica para que pudesse aprender a ter mais confiança em si mesma e respeitar a individualidade do outro. O melhor remédio para o ciúme é tratar muitíssimo bem o companheiro, porque essa atitude diminui naturalmente o risco de você querer se afastar.

Tenho trinta anos e sempre acreditei na igualdade entre homens e mulheres, principalmente na liberdade sexual. Porém, quando converso com minha noiva sobre a possibilidade de termos uma filha, meu lado racional é superado por um sentimento absurdo de ciúme e possessividade ao imaginar minha filha iniciando a vida sexual. Não consigo me sentir confortável com a ideia. Não gostaria de ser um pai à moda antiga, moralista, mas tenho receio de que o ciúme se concretize. Como trabalhar esse sentimento?

Seu posicionamento é incompatível com a realidade do mundo atual. E é interessante você ter transferido toda a cota de ciúme para uma filha que ainda não nasceu. Quer um conselho? Faça uma coisa de cada vez. Case, entenda-se bem com sua noiva, tenha filhos. Quem sabe, você terá só meninos e não precisará trabalhar com o ciúme. Mas, se tiver uma filha, talvez lá pelos dezesseis anos você goste do namorado que ela encontrar. Na prática, a vida é muito diferente daquilo que imaginamos. Ao imaginar, amplificamos tanto as coisas boas quanto as ruins. Aquilo que vai acontecer na vida real, daqui a dezoito anos, pode ser completamente diferente do que está passando pela sua cabeça hoje.

Tenho 35 anos e namoro, há quatro, uma mulher de sessenta. Somos divorciados, temos filhos de casamentos anteriores. Embora ela não goste de falar em casamento, já me apresentou a muitos familiares e até ao ex-marido. Enfrentamos uma crise por causa de meu ciúme. Ela comentou que o professor de ioga tem um ar de conquistador. Notei que ela olha para ele com um jeito diferente. Discutimos por causa disso e ela pediu para terminar o namoro, já que não aguentava mais meu ciúme exagerado. Decidimos dar um tempo. Eu a amo muito e não gostaria de me separar. É possível uma mulher voltar a amar um homem? Ou será que tudo isso está acontecendo para que ela fique com o professor? (José)

Aquilo que você notou como sinal de grande entusiasmo dela em relação ao professor não me parece suficiente. Acho que você está imaginando coisas, que o jeito de olhar dela é tão peculiar, e tão diferente, que envolve um risco efetivo de que esteja entusiasmadíssima pelo professor. Embora impossível não existir em intensidade nenhuma, o ciúme é uma inadequação, e não uma prova de amor: ele é prova de insegurança de quem ama. Se o relacionamento de vocês já tem quatro anos, se ela já apresentou você a muitos familiares e amigos, se vocês não levam em conta a diferença de idade, que poderia vir a ser um problema que a deixaria mais enciumada do que você, sua desconfiança está fora de propósito. Não acredito que ela tenha deixado de amar você, mas que esteja enjoada de atitudes que cerceiam o comportamento dela.

20 **Quero pedir um conselho. Tenho 52 anos e namoro uma menina de 22. Moramos por um ano juntos e agora ela cismou de voltar para a casa do pai. Morria de ciúme dela, não sei se pela diferença de idade, trinta anos, e, acho, a sufocava. Ela é realmente muito bonita, chama muito a atenção. Vale a pena tentar levar a relação à frente? (Antônio Carlos)**

Não acho que seja diferença de idade, mas o jeito de ser, o temperamento de sua namorada – talvez o fato de ela não passar a confiabilidade que você gostaria, você tem lá suas inseguranças. Para as relações funcionarem, é preciso criar duas mágicas: a mágica do encantamento amoroso, que deve ser bilateral, e a mágica da confiança recíproca. Entregar o coração na mão de alguém que não se tem certeza absoluta de que será bem cuidado é uma irresponsabilidade. Não é o caso de você ficar cerceando a liberdade de sua namorada – ela é menina ainda, tem o direito de ser do jeito que é. Mas, se você achar que essa situação é muito aflitiva, que o deixa inseguro, mesmo gostando de sua namorada, deve tentar se afastar dela, porque você sofre e faz sofrer. Pense duas vezes antes de voltar.

Tenho 41 anos e estou no segundo casamento. Meu filho adolescente, da minha primeira união, mora comigo. Estou enfrentando dificuldades, porque minha mulher não aprova a forma como educo meu filho. Antes, era rígido e brigava constantemente com o garoto; agora, procuro orientá-lo, mostrando onde ele erra, e nosso relacionamento mudou para melhor. Minha mulher me critica, diz que sou culpado por meu filho não me obedecer às vezes. Mas a desobediência não é tão frequente assim. Ela fica irritada com o garoto e isso acaba gerando discussões entre os dois, estragando nossa convivência. Penso até em separação.

Não é nada impossível que sua mulher esteja sofrendo de um problema relacionado ao ciúme. Ela pode estar incomodada com a relação que passou a existir entre você e seu filho. Com sua mudança de atitude, você ficou mais generoso e carinhoso, o que fez o relacionamento de vocês ter se tornado mais íntimo, mais gratificante, mais feliz. Essa convivência pacífica pode ter aumentado o ciúme de sua mulher e desencadeado essa crise de irritabilidade sobre as pequenas malcriações de seu filho, que não têm gravidade efetiva. Você precisa deixar claro que não sobrará outra alternativa senão a separação, se ela não aceitar a intimidade saudável que existe entre você e seu filho. Ela deve tomar consciência da gravidade do comportamento dela e do risco que está correndo ao ser intolerante. Em algum momento, o menino vai cuidar da vida dele, irá embora. Mas, até chegar esse momento, é fundamental que você ajude a completar a formação dele. E sua mulher terá que ser compreensiva, companheira e condescendente.

22

Mesmo depois de vinte anos de casamento, ainda sofro ao encontrar o ex-namorado da minha atual mulher. Ele foi o homem com quem ela teve o primeiro relacionamento sexual. Queria entender melhor meu ciúme.

Ainda que você estivesse absolutamente convencido de que a virgindade é irrelevante, ao cruzar com aquele outro, com quem sua mulher teve a primeira relação sexual, percebeu que uma crença antiga voltou a vigorar com força total: a de que a mulher só pode ter um parceiro sexual. Crenças são pensamentos que invadem nossa cabeça e vão tomando forma – não são ideias próprias, mas normas pré-moldadas. E temos grande dificuldade de nos livrarmos delas. Às vezes, mesmo com uma mente clara e um pensamento racional que nos permitem aceitar tudo, um fato com carga emotiva acaba nos tornando mais apreensivos com a virgindade, algo que não deveria ter a menor importância em seu relacionamento. Cabe a você ficar muito atento às crenças e tentar se livrar daquelas que chegaram prontas, que não têm mais pé nem cabeça, especialmente as ligadas à virgindade.

Sofro de um ciúme perturbador, que me destrói lenta e continuamente. Já pesquisei bastante sobre o assunto e creio que o grande problema seja a baixa autoestima. Sofro o tempo todo com a possibilidade de ver ou saber que a pessoa que gostaria de ter ao meu lado possa se interessar por alguém. Claro que o fato consumado de uma traição doeria, mas o que mais me incomoda é imaginar isso sempre. Como posso ter um sentimento tão negativo? (Eliane)

Existem dois tipos de ciúme: o sentimental e o sexual. O ciúme sentimental tem como característica o desejo de ser exclusivo ou o único objeto de atenção, de interesse, de afeto. Exatamente como no caso de um bebê, que, ao nascer, provoca a primeira crise de ciúme no irmão mais velho, já que a mãe será, a partir daquele momento, compartilhada. Como as relações afetivas adultas guardam semelhanças com as infantis, mesmo pessoas mais amadurecidas têm enorme dificuldade de se sentirem em segundo ou terceiro lugar. Então, o ciúme provoca esse desejo de ser o número um, a prioridade. No ciúme sexual, há o medo terrível de ser trocada por outra parceira – situação extremamente sofrida. Assim, existem o ciúme que deriva de a pessoa se achar incapaz ou incompetente de manter a outra ao seu lado e aquele que deriva de ela ter escolhido um parceiro não muito confiável e que, a qualquer momento, pode deixá-la.

INVEJA OU VAIDADE?

NENHUMA DAS DUAS

Quando se faz uma comparação, é inevitável que surja um subproduto dela: a inveja. Ninguém consegue comparar sem deixar de hierarquizar – compara e não enxerga que duas pessoas, ou duas situações, são diferentes. Acha sempre que existe uma melhor e uma pior, uma superior e uma inferior. Quem se sente desprivilegiado quase sempre se incomoda com a diversidade. E essa diversidade pode ser notada em questões reversíveis, como condição financeira, posição profissional e competência para agir com habilidade, e irreversíveis, como beleza, altura, rapidez de raciocínio, inteligência.

Aquele que se sente diminuído pode ter dois tipos de reação: a primeira é ficar entristecido em relação às diferenças irreversíveis, mas pensar que pode lutar e se esforçar para conseguir reverter a posição nas situações reversíveis. A segunda, o que não é raro, é reagir em ambos os casos com hostilidade por sentir-se humilhado, como se fosse agredido pela competência, pela virtude, pela sociabilidade maior, pelo privilégio do outro.

O ideal é que não se façam comparações com os outros, porque esse hábito pode deixar o indivíduo muito envaidecido – e objeto de inveja das pessoas – ou incomodado – ocupando o lugar do próprio invejoso.

*

No final do século XIX, o poeta parnasiano Raimundo Correia, no poema "Mal secreto", diz: "Se se pudesse o espírito que chora/ Ver através da máscara da face,/ Quanta gente, talvez, que inveja agora/ Nos causa, então piedade nos causasse!". Parece que a relação entre vaidade e inveja tem atrapalhado a vida desde tempos imemoriais. O quanto a vaidade e a inveja no mundo atual têm servido como bloqueio e entrave para a felicidade se estabelecer?

A vaidade é um problema para a felicidade, sempre. A vaidade corresponde a um prazer erótico de se exibir, se destacar, chamar a atenção, ser diferente para as outras pessoas. Evidentemente, podemos viver em uma cultura que estimula isso, mas não quer dizer que temos de ser escravos do impulso. A vaidade estimula aspectos competitivos, a vontade de ser melhor do que os outros, e isso cria condições difíceis para uma sociedade mais igualitária. É claro que, em um mundo onde as pessoas buscam destaque, haja também o inverso. Aquele que não se destaca pode morrer de inveja. Inveja é uma sensação de humilhação que deriva da ideia de que o outro consegue mais coisas do que ele. É muito difícil imaginar a vida sofisticada sem vaidade, porque ela também estimula ações construtivas. As pessoas, para se destacar, fazem coisas muito interessantes. No entanto, a vaidade deveria ser mais controlada, para que tivéssemos apenas o lado positivo dela, e não o destrutivo.

Se a vaidade tem finalidade sexual, não é verdade, então, que as pessoas se arrumam para elas mesmas. (Marina)

Todo mundo se arruma para se mostrar aos outros, para ser bacana aos olhos das outras pessoas. E não obrigatoriamente no sentido de sedução, de conquista erótica. É o prazer de se exibir em boa forma. Ninguém usa suas melhores roupas em casa. Para saber quem é o cidadão verdadeiro, talvez teríamos de filmá-lo em casa. E a humanidade em casa é certamente muito diferente daquela que aparece circulando. Vaidade implica, além de gasto financeiro, tempo para se embelezar. Sabe-se que, desde os tempos mais primitivos, o indivíduo pintava o rosto e o corpo, colocava adereços e enfeites, fazia tatuagens, investia em penduricalhos e joias. É da natureza humana. Só varia conforme a cultura.

Tenho 27 anos e estudo veterinária. Meu pai foi servente de pedreiro e boia-fria, eu não tinha dinheiro para fazer cursinho, precisei dedicar quatro anos da minha vida para passar no vestibular. Queria me tornar pesquisadora científica e, assim que cheguei à universidade, fui atrás dos professores. Ouvi mais de dez vezes "não" até que alguém pudesse me dar uma chance. Ao longo dos últimos dois anos, conheci dificuldades financeiras, materiais, ideológicas e, principalmente, a relativa à vaidade humana. Estou decepcionada com essa vaidade no mundo acadêmico, de modo que a pesquisa não é mais o reino encantado que um dia foi. Não vejo perspectiva de retorno financeiro, sinto vontade de abandonar a carreira científica e partir para outra área, como a empresarial. O que devo fazer para tomar essa decisão? (Maria)

Não passei por dificuldades financeiras nem sociais para entrar na universidade, mas vivi com muito desgosto o ambiente universitário, porque tinha essa mesma ingenuidade sua: achava que o ambiente acadêmico, o ambiente do saber, era desprovido de vaidade. E é um dos lugares em que a vaidade humana se manifesta de forma mais desvairada, tanto quanto no meio artístico, no das grandes fortunas ou dos grandes negócios. A vaidade intelectual é realmente decepcionante. Pode diminuir a motivação para a vida acadêmica e foi, em boa parte, o que aconteceu comigo. Prefiro ouvir o que os pacientes têm a me dizer do que estar envolvido no ambiente acadêmico, conversando sobre coisas que envolvam disputa de sabedoria – para ver quem é mais inteligente, mais culto, quem leu mais artigos. Só acho que não podemos fugir muito de nossos sonhos quando nos deparamos com certas dificuldades. O mundo encantado não existe – o que há é o mundo das ciências, em que pessoas de boa vontade trabalham e produzem. Mesmo no ambiente acadêmico existem as exceções, indivíduos que estão lá realmente vinculados pelo gosto do saber. A carreira científica não é muito bem remunerada. Já que você faz veterinária, pense na possibilidade de trabalhar em indústria farmacêutica, onde também existe atividade científica, embora não da forma como você imaginou. Talvez você tenha pela frente ainda alguns anos de estudos, quem sabe uma pós-graduação, um mestrado, para depois se dirigir à atividade privada. Tudo em nome do respeito a seu sonho, que é a pesquisa.

QUANDO O SEXO NÃO VAI BEM

Há ainda quem duvide que as fantasias eróticas durante a excitação sexual sejam normais. Tudo, ou quase tudo, que acontece no sexo consentido é normal. Mas, quando um indivíduo está com uma mulher e pensa sempre em outra, ele pode estar infeliz no casamento e se sentir "obrigado" a manter relações sexuais. Para solucionar esse dilema, inventa que está na cama com outra parceira.

O sexo é, antes de tudo, um fenômeno da imaginação. Tanto que qualquer um consegue se excitar apenas por meio do pensamento. Quando essas fantasias não são compartilhadas, podem sinalizar que há um distanciamento entre o par. O inverso também é verdadeiro: ao dividir as fantasias, está-se diante de um clima de comunhão envolvendo também o sexo.

Minha mulher tem quarenta anos e perdeu o desejo sexual. Diz ela que é por causa da menopausa. Qual a influência da menopausa no desejo sexual? Ele desaparece ou apenas diminui por um tempo? (Hildo)

Quarenta anos não é idade para menopausa, embora hajam exceções. Em média, as mulheres começam a ter irregularidades menstruais por volta de cinquenta anos. A queda na concentração de estrógenos determina a dificuldade na ovulação e parece que, em um primeiro momento, baixa do desejo sexual. Alguns autores acham que o homem se torna sensível à queda do estrógeno e acaba perdendo um pouco o desejo pela mulher. Não creio que, nessa idade, a diminuição do desejo tenha a ver com a menopausa. Sua mulher pode usar esse fenômeno como desculpa. Pode ser que existam desgastes na relação. Que você não seja tão"bonzinho" quanto parece, que sua mulher esteja um pouco enjoada de malcriações e outros descompassos que podem contribuir para a diminuição do desejo sexual. Atribuir muita coisa à variação hormonal é sempre bem perigoso.

Sou casada há sete anos e não tenho vontade de fazer sexo. Meu marido tem total liberdade de se relacionar com outras mulheres, mas sente-se perturbado por causa disso. Pessoas mais próximas com quem converso não acham

meu comportamento normal. Tenho alguma doença? Devo procurar ajuda? (Luciana)

Se for de sua vontade buscar realmente ajuda psicológica para tentar entender o que se passa com você, creio que sim. Desejo muito intenso e ativo é muito mais da natureza masculina do que da feminina. Mas mulheres que estão bem com seus maridos têm prazer nas trocas de carícias eróticas. E sentem prazer também em agradar seus parceiros. Parece que você não tem vontade de manter nenhum tipo de intimidade sexual com seu marido. Acho que é mais um sinal de má vontade no convívio do que efetivamente falta de vontade sexual. Você não alimenta nenhuma revolta ou raiva contra seu marido para que a falta de desejo seja justificada. Prefere terceirizar esse cuidado, e isso pode deixá-lo perturbado ou fazê-lo se sentir rejeitado e desprestigiado. Aparentemente, você quer, mais do que tudo, livrar-se dele e não dar liberdade para que ele busque fora o que não tem em casa.

Tenho 54 anos e, há seis anos, já separada, conheci um homem pelo qual me apaixonei perdidamente. Não estamos mais juntos, mas, curiosamente, desde que nos separamos não sinto desejo sexual. Antes até me autossatisfazia; hoje, nem isso. Sinto um vazio profundo e não consigo pensar em ter outra pessoa. Será que estou com algum tipo de bloqueio?

Evidentemente que, aos 54 anos, podem existir dificuldades ligadas a questões hormonais. Nessa fase, como a quantidade de estrógeno cai, tende a ocorrer uma diminuição do interesse sexual. Mas, como você estava perdidamente apaixonada e desde a separação não teve mais vontade, nem mesmo de se masturbar, é sinal de que ficou um tanto decepcionada com sua vida sentimental, talvez com os homens, e perdeu a condição de ter algum tipo de fantasia erótica, capaz de ativar a masturbação. Acho que você deveria, em primeiro lugar, buscar aconselhamento com um ginecologista, até para ver se há alguma razão orgânica – alteração no ovário ou na tireoide – que imponha a diminuição do entusiasmo sexual. Caso fique provado que não há, você pode estar muito magoada e traumatizada com a ruptura do relacionamento. Se não quiser decretar sua aposentadoria definitiva aos 54 anos, deveria buscar ajuda psicológica. Porque, afinal, ainda é bastante moça, e muita água pode rolar embaixo de sua ponte.

Minha mulher não pode ter relações sexuais no momento, então comecei a me masturbar. Tenho 69 anos. Queria saber se é perigoso duas ou três vezes por semana. (Manoel)

Imagine! Se fizesse mal, você e todos os homens, desde a puberdade, já teriam ficado doentes. Antigamente, por puro preconceito, inclusive de natureza religiosa, dizia-se que a masturbação fazia mal à saúde. A masturbação não tem nenhum malefício conhecido. É o modo pelo qual o indivíduo consegue perfeitamente se satisfazer, talvez até de forma mais intensa do que com uma mulher que não tenha nada a ver com ele. Nesse caso, você poderia sair frustrado em vez de ter uma experiência agradável. Meninos que não cresceram nesse clima de preconceito masturbam-se com frequência e se valem de material pornográfico da internet. Ou você tem relação sexual com alguém que possa compartilhar sentimentos, amizade e intimidade ou você busca na fantasia algo mais gratificante para satisfazer seu desejo sexual. Masturbação não tem limite. Garanto que não faz mal à saúde e faz bem à cabeça.

Tenho 51 anos, estou casado há 25. Nos últimos tempos, enfrentei uma fase de abstinência sexual por causa de um problema de saúde de minha mulher. Busquei uma solução extraconjugal: comecei a me relacionar com uma amiga, mas os encontros se tornaram mais intensos e percebi que o fim de meu casamento era o melhor caminho. Porém, não vejo com bons olhos a ideia de ter que dividir tudo o que construí e os bens que conquistei com tanto sacrifício. Teria também que pagar pensão aos meus dois filhos e, portanto, minha situação financeira ficaria limitada para que pudesse reconstruir minha vida. Tenho dúvidas se a relação com minha amiga vai progredir ou se é apenas uma

aventura. Gostaria de conversar com minha mulher sobre terminar o casamento, mas temo machucá-la, porque ela é depressiva. (Luís)

Seria muito bom que você conversasse com ela, porque, se tiver medo de falar, talvez termine uma história que poderia ser solucionada de melhor forma. Quando houve essa dificuldade com sua mulher, você foi buscar uma alternativa fora de casa e, naturalmente, criou um impasse, já que passou a fazer comparações entre o que é sua vida conjugal, já desgastada, com a relação nova. Existe uma vantagem no novo relacionamento, que pode não se sustentar depois da separação. É preciso levar em conta ainda as desvantagens que você mesmo registrou, como seu patrimônio e provável afastamento dos filhos. Converse com firmeza com sua mulher, sem aflição. Se ela é depressiva, vai ficar muito pior caso você caia fora, sem que tenha discutido seriamente a possibilidade de reconstruir o casamento.

Tenho 25 anos e sou virgem, porque meu pênis é muito pequeno – dez centímetros quando ereto. Eu me sentiria envergonhado se arrumasse uma namorada, pois não gostaria de manter relações sexuais com ela em razão dos traumas que tenho. Até evito usar calças coladas ou sungas. Preciso de uma solução. Os tratamentos para aumento de pênis funcionam? Ou são apenas um mito? (Marcelo)

Sei o quanto um homem pode se sentir diminuído e humilhado em virtude desse aspecto do corpo. Em nossa cultura, dá-se muita ênfase ao tamanho do pênis. E esse assunto é mais relevante entre os homens do que entre as mulheres. Você diz que tem um pênis muito pequeno, mas ele está muito pouco abaixo da média, de doze a catorze centímetros quando ereto. Não é nenhuma diferença monumental, nada que seja efetivamente problemático, a não ser em sua cabeça. Quem sabe, na construção de sua história você tenha sido objeto de deboche ou de brincadeira de outros meninos. Coisas assim deixam a gente com sensação de inferioridade, envergonham, constrangem e fazem perder a coragem de abordar uma mulher. A pornografia ajuda a alimentar a propaganda da indústria de produtos e equipamentos que têm por objetivo o alongamento do pênis. Que eu saiba, não existem técnicas seguras e comprovadas com esse objetivo. Não sei se é mito – talvez seja oportunismo, algo de caráter mais comercial. Mas tenho uma boa notícia para você: a grande maioria das mulheres não liga para o tamanho do pênis. Aliás, liga, mas no sentido inverso: detesta pênis muito grande, porque machuca, atrapalha a relação sexual. Se você tiver coragem de encontrar uma namorada, pode explicar a ela seus conflitos e suas inseguranças. Se ela for uma criatura legal, será uma parceira solidária. E todos os seus problemas vão se resolver com muito mais eficiência do que por intermédio de um recurso cirúrgico arriscado e absolutamente desnecessário.

Tenho 24 anos e namoro um homem de 32. Temos ótimo relacionamento, mas estamos com dificuldades na área sexual. Ele diz sentir atração por mim, porém não quer manter relações. Afirma que me respeita muito e, por isso, não consegue me ver como mulher para fazer sexo. No início de nosso namoro, criei dificuldades para que ele não achasse que eu era uma qualquer. Como fazer para reverter essa situação?

Quando uma moça tem muitas qualidades, é vista pelo homem como alguém que pode ser esposa e mãe de seus filhos. Isso acaba gerando um clima um pouco menos erótico do que o ideal. O homem fica sempre um pouco constrangido de chegar, como se fala na gíria, com uma pegada mais forte. Então, acho que só há uma maneira de sair desse impasse: você precisa criar, muito lentamente, um clima erótico. Porque esse respeito e essa admiração tão grandes que ele sente por você são ótimos nas 23 horas e meia do dia, mas, no momento da intimidade física, é mais interessante que você seja vista, digamos, como uma mulher qualquer, para usar sua expressão. É nesse contexto que ele vai sentir o fascínio erótico por você e ter coragem de se soltar sexualmente.

Há três anos conheci um homem pela internet. Demorou muito até que eu soubesse a verdadeira identidade dele e nos conhecêssemos pessoalmente. Estou com 48 anos e ele com 63. Temos muitas afinidades e conversamos quase todos os dias, mas são poucas as oportunidades de nos relacionarmos mais intimamente. Uma vez, tivemos uma relação sexual, porém ele não chegou a ejacular. Fazemos o chamado sexo virtual, mas parece que ele tem medo e não quer manter uma relação mais próxima comigo. Ele é separado e mantém fotos da ex-mulher por toda a casa. Com a enteada, que é casada, tem uma relação de amizade, contudo vive dizendo que ela é a cara da mãe quando mais jovem. Nossa relação tem futuro? (Maria)

Há coisas mais ou menos evidentes nessa história. Uma delas é que esse senhor não tem a menor intenção de assumir um compromisso ou compor uma relação de futuro sólido, como talvez você gostaria que acontecesse. A impressão é que ele também tem certa limitação na área sexual, de maneira que o sexo virtual parece ser mais conveniente e menos indigno. Porque, você sabe, os homens se sentem às vezes humilhados, diminuídos, quando têm algum problema na área sexual. Aparentemente, ele está contente com a situação atual: gosta de conversar com você e do tipo de sexo que fazem. O fato de haver resíduos da relação anterior não é nada muito significativo, a não ser que não exista o intuito de desfazer o passado, em deixar espaço aberto para uma nova relação. Essa situação em que vocês estão só vai mudar se você pressioná-lo, condição que poderá fazer com que ele rompa a relação. Parece que o futuro não será muito diferente do presente.

Tenho 52 anos e sou casado há 27 com uma mulher de 54. Nossa vida sexual nunca foi satisfatória. Não desconfio de traição, mas ela nunca teve grande interesse sexual por mim. Não toma a iniciativa, nem fala abertamente sobre o assunto. Desconfio de que tenha algum trauma de infância. Já sugeri procurarmos um terapeuta, porém não adiantou. Ela diz que a explicação está nos problemas de tireoide e na depressão. Estou cansado de implorar carinho e me masturbar. Penso em dar um basta no casamento, mas não sei se é tarde para isso. (Nelson)

Talvez você tenha sido, ao longo desses 27 anos, condescendente, tolerante além da conta. Não acho que as mulheres tenham desejo sexual pelos homens da mesma forma que os homens têm por elas. Não acredito que olhem para eles e sintam aquele desejo parecido com o que os homens sentem quando olham para o corpo jovem e bonito de uma mulher. Mas acho que o que faltou à sua mulher foi uma atitude positiva, quase generosa de querer dar prazer. Ainda que não sentisse grande desejo visual, ao trocar carícias com você, ela poderia se excitar e sentir satisfação. Todo mundo sabe que uma intimidade mais gratificante se compõe quando existe uma vida sexual rica. Às vezes, as pessoas me perguntam qual é a importância do sexo no casamento e respondo sempre: o sexo não tem importância nenhuma, desde que vá bem! Quando vai mal, aborrece, porque o indivíduo fica se sentindo humilhado, tendo que implorar carinho, que se masturbar o tempo todo. Na idade de sua mulher, podem existir problemas na tireoide e até mesmo alterações hormonais por causa da menopausa. No entanto, isso não justifica a atitude atual, já que desde sempre ela não foi muito interessada em sexo. Nunca é tarde, Nelson. Não é tarde até mesmo para você conversar claramente com sua mulher. Vamos ver se ela reage positivamente.

Como reagir quando se contrai uma doença sexualmente transmissível do parceiro? Como superar essa dor sentimental? (Maria)

É muito desagradável passar por esse tipo de experiência. Mas não sei se estamos falando efetivamente de uma dor que possa ser chamada de sentimental. Acho que as mulheres têm dificuldade de entender como funcionam a psicologia e a sexualidade masculinas, e é absolutamente essencial que se consiga separar infidelidade sexual de infidelidade sentimental. A infidelidade que pode trazer para dentro de casa doenças sexualmente transmissíveis é praticada com prostitutas ou com mulheres com as quais o homem não tem nenhum envolvimento afetivo. Não são pessoas que fazem parte da vida dele, com as quais ele compartilhe intimidades. Portanto, não estamos diante de uma relação sentimental. O envolvimento extraconjugal feminino, ao contrário, é quase sempre de natureza emotiva. É preciso entender essa diferença para não sofrer mais do que o inevitável.

Tenho 38 anos, sou casado há quinze, e eu e minha mulher brigávamos frequentemente. Há cerca de um ano, acabamos colocando em prática alguns sonhos eróticos e ingressamos no chamado *swing*. Isso nos ajudou a dar fim àquelas brigas por ciúmes, mas esse tipo de sexo se tornou praticamente um vício. A cada uma, duas semanas, nos encontramos com outros casais. Agora, quando discutimos, as brigas são mais sérias, e eu não tenho a mesma afetividade que tinha pela minha mulher. Apesar disso, a vida sexual melhorou. (Alexandre)

Muitas vezes, os casais compartilham fantasias e tendem a colocá-las em prática juntos. Principalmente gente jovem, que se casa muito cedo, tem experiência pobre antes do casamento e acha que precisa de mais vivências sexuais com outros parceiros. Acredita que isso é emocionante. Evidentemente, existe um nível de excitação maior do que aquele que há entre um único casal. Não diria que a palavra certa seja vício, mas tendência de o casal se fixar nesse tipo de procedimento. Ocorre que, em algum momento, essa prática pode ficar cansativa, e aí, sim, vocês teriam de passar por um período sexual mais morno. Mas, se vocês tiverem bastante solidez, irão superar essa fase com relativa facilidade. Vocês já entraram no jogo – agora têm que arrumar um jeito de ficar bem e depois sair com calma e habilidade para não se machucarem.

Namoro desde os dezesseis, hoje tenho vinte, com o mesmo homem. Somos felizes, eu o amo muito, mas ele é o único parceiro sexual que já tive. Estou com muita vontade de casar com ele, porém tenho medo de não resistir às tentações de experimentar o sexo com outro rapaz e acabar traindo meu namorado. Sou jovem, não sei se vou conseguir passar a vida inteira com apenas um homem, como minha avó. O que devo fazer? (Jéssica)

A vida não é escrita exatamente com gostaríamos. Talvez o ideal seria mesmo que uma pessoa se casasse com um pouco mais de experiência, tido vários namorados e mantido, com eles, intimidade sexual. Mas isso é a teoria. Na prática, se você tem um namorado ótimo, não vai deixar de se casar com ele por causa disso. O que define a qualidade da relação é justamente a intimidade, o aspecto sentimental. Se ele for carinhoso e compreensivo, se vocês firmaram uma parceria bacana, não há motivo para terminar o namoro. Não é porque ele é o único homem de sua vida que você vai ficar frustrada sexualmente. Não sei se sua avó era infeliz ou muito mais feliz do que as moças de hoje, que têm dezenas de parceiros. O importante é a qualidade do relacionamento, e não a quantidade.

Tenho 21 anos e ainda não tive relações sexuais. Sinto atração por homens mais velhos e maduros, mas não gosto disso. Já beijei muitas mulheres, apesar de não me sentir atraído por elas. Muitas gostam de mim, porque até que sou bonito, embora tímido. Meu desejo é ter uma namorada, casar e ter filhos. Quero muito transar com uma mulher, mas não sei se vou conseguir. O que faço? (Júlio)

Esse é um dos temas mais delicados e complicados da psicologia, porque trata da questão de fantasias sexuais ou desejos como algo absolutamente irreversível. Minha experiência como psicoterapeuta me fez acompanhar rapazes que, como você, não querem esse tipo de vida: querem sentir desejo por mulheres e construir uma vida tradicional. Não compartilho da ideia de que a homossexualidade seja um fenômeno biológico, inato, irreversível. É um desvio de rota usual, algo que acontece na vida das pessoas e pode perfeitamente ser revertido, desde que seja essa a vontade. Não acho que se possa concluir que a homossexualidade seja um fenômeno genético, até porque os homossexuais não se reproduzem, e uma peculiaridade genética tinha que implicar possibilidade de transmissão de genes. No seu caso, o fato de não sentir atração por moças não quer dizer que não possa vir a sentir. E a atração que tem por homens mais velhos me parece muito mais uma questão de sua psicologia do que algo que não possa ser alterado com um trabalho psicológico e com a vontade de mudar o rumo de sua vida. Acho que o desejo homossexual pode ser revertido. Tenho vários pacientes que, com o tempo, envolveram-se em uma vida heterossexual absolutamente gratificante. Mas não há motivo para ficar forçando mudanças, porque não existe nenhum empecilho em se ter uma vida homossexual. É o gosto de cada um.

Desde o início de minha vida sexual, sofro de disfunção erétil. Estou com 26 anos, namoro uma garota que, apesar de saber do problema, me pressiona, o que me deixa ainda pior. Fico excitado, mas, no momento da penetração, as dificuldades aparecem. Já tomei remédios para a ereção, porém não ajudaram muito. Como minha namorada está viajando há cinco meses, fui aconselhado a fazer uma espécie de tratamento: dezesseis visitas a uma mesma garota de programa. Não sei se vai adiantar. Estou à beira do desespero. Devo começar a tomar alguma droga específica? (Ricardo)

A maior dificuldade do homem está relacionada justamente à preocupação exagerada com o desempenho. Cada vez que vai para uma nova relação sexual, em vez de curtir a situação e estar ali inteiramente, ele se preocupa com a ereção de seu pênis. Esse temor, obviamente, aumenta muito o risco de ele não funcionar na hora H. Para se livrar de suas inquietudes, o indivíduo tem de se sentir desobrigado da boa performance. Quando a dificuldade maior é na hora da penetração, é importante criar uma condição para que haja trocas de carícias orais ou manuais, de maneira que a penetração aconteça somente quando o homem estiver bastante excitado e sereno. Trabalhar com uma substituta profissional, como se fosse fisioterapeuta sexual, foi uma estratégia montada no fim dos anos 1970 pelo casal de pesquisadores americanos Masters e Johnson. Essa estratégia, porém, está completamente fora de moda. Acho que você teria de conversar com sua namorada, deixar claro que ela precisa cooperar para criar esse clima de total descontração e serenidade. Você pode até conseguir ficar bem com a "terapeuta sexual", mas não vai conseguir transferir bons resultados para o relacionamento íntimo com sua namorada. Com ela, você sofre uma forte exigência de penetração, e essa pressão pode ser fatal. Não fique desesperado, porque não é por esse aspecto que se mede a honra, a dignidade e a autoestima de um homem. Drogas não funcionam bem em muitos desses casos.

Sou bissexual, mas queria definir um tipo único de relacionamento. Gostaria de casar com uma mulher, apesar de não conseguir ficar sem ter relações com homem. Minha primeira relação sexual foi aos treze anos com uma menina. Até os sete anos, tinha brincadeiras com um menino da minha idade. Depois dos dez, com um homem. Meus romances sempre foram com mulheres, enquanto com os homens era desejo sexual – acontecia e acabava. (Leandro)

Você tem desejo sexual bastante intenso e precisaria aceitar que uma parte dele é por homens. Se você resolver casar e ter filhos com uma mulher, vai ter outros desejos que não poderá cumprir. Claro que todo indivíduo que se fixa sentimentalmente a um parceiro, tanto faz se homem ou mulher, continua tendo desejos por outros. Sempre vai ter uma privação e precisará arcar com essa renúncia. Não é fácil, nem mesmo para os heterossexuais, manter a sexualidade sob domínio, porque o homem é um animal que tem desejo visual, é estimulado para além da mulher amada. Quem não tiver essa força e não for capaz de renunciar encontrará dificuldades de se relacionar. Mas pense que as delícias maiores do sexo são também quando você quer continuar com aquela pessoa depois de a transa acabar.

Namoro há um ano e não consigo mais controlar alguns pensamentos que me atormentam. Tudo começou depois

que descobri mentiras sobre a vida sexual de meu parceiro, mentiras que me fizeram perder a confiança. Ele havia comentado sobre um vídeo pornô que teria jogado fora, mas depois fiquei sabendo que ainda assiste ao filme. Estou com a sensação de que não o deixo satisfeito sexualmente. Fico pensando se talvez ele esteja me traindo, se tem casos pela internet, se sai com a vizinha. Sofro por causa das infinitas possibilidades. O que é preciso fazer para não perder o carinho, a confiança e a atração mútua? (Clara)

O principal aspecto das histórias amorosas é a confiabilidade. E o fato de as pessoas desenvolverem uma sólida relação de amizade. Imagino sempre que a pessoa com a qual a gente convive intimamente precisa ser nossa melhor amiga. E nesse relacionamento não cabe deslealdade de espécie alguma. Então, a mentira atrapalha muito. Ao mesmo tempo, é preciso que haja compreensão e entendimento acerca das diferenças entre o masculino e o feminino. Se um homem gosta de assistir a um filme pornográfico, não significa que não goste de você e que não esteja satisfeito sexualmente. As fantasias eróticas masculinas são voltadas para o aspecto visual, e isso não quer dizer que o homem não tenha fortes e bons sentimentos em relação à sua parceira. As mulheres também têm suas fantasias – gostam de se vestir, de se fazerem bonitas e atraentes para outros homens que não seu parceiro sentimental fixo. Para um relacionamento dar certo, o par precisa construir uma história de real confiabilidade. A mentira é algo muito mais grave do que o passado sexual do parceiro. Você pode não concordar com o que ele fez sexualmente, mas pode muito bem perder a confiança pela deslealdade que está embutida na mentira. Então, o que define a longa vida das relações afetivas é a cumplicidade, a amizade, a confiança recíproca. Confiança não é coisa que se remende com facilidade.

Minha impotência sexual está ligada ao diabetes. Somado a ele, tive problemas psiquiátricos – aflição, desespero, fobia, que venci. O que restou foi a ansiedade. Não paro de comer. Quando fico um pouco nervoso, dá aquela ansiedade e como, como, como. O urologista disse que, uma vez lesionado o vaso sanguíneo, não há como reverter esse problema. Não há milagre. Minha dificuldade é na ereção: mesmo tomando remédios, não tenho 100% de aproveitamento. (Edson)

Se, ao se masturbar, você não tiver problemas de ereção, fica provado que a razão é psicológica. Porque, se fosse orgânica, ligada ao diabetes, também apareceria na masturbação. Você precisa aprender a não ficar tão preocupado com o desempenho e com o diabetes, porque, por enquanto, a doença não é a causa de sua dificuldade sexual. Você deve tratar de reduzir a ansiedade e a aflição, pois elas atrapalham não só o processo de emagrecimento como também, obviamente, a função sexual. Calma e serenidade funcionam melhor do que qualquer medicação.

Aos dez anos, fui abusado sexualmente por alguns homens de minha rua. Na época, contei para a minha mãe, e a única atitude dela foi querer bater em mim. Já na idade adulta, passei a ter interesse por meninas de catorze, quinze anos. Aos 27 anos, cheguei a ter um caso com uma de quinze. Isso me preocupa, não é adequado. Faço psicoterapia há três anos e, infelizmente, não vi mudanças. Tenho uma namorada da minha idade, 35 anos, com quem me dou muito bem. Já fui casado por duas vezes, tive relacionamentos absolutamente normais. Como sou professor, há muitas adolescentes em sala de aula, algumas dão em cima de mim e acabo ficando naquele dilema. Preciso ter muita força de vontade para resistir. (Luís)

Não acho que esse desconforto que você relata tenha a ver com o que lhe aconteceu na infância. Porque não é preciso ter sido vítima de abuso sexual para ter fascínio por meninas de catorze, quinze anos, especialmente hoje, quando essas garotas já estão com o corpo totalmente formado e são bem mais espertas do que deveriam ser. A terapia deveria girar em torno da determinação, da capacidade de você se manter leal, de ter uma relação consistente com uma mulher só, de ser mais firme e respeitoso em suas relações afetivas.

Sou bem-sucedido nos estudos e na vida profissional. Jamais namorei e minhas relações sexuais só foram com prostitutas. Me masturbo frequentemente vendo revistas, assistindo a filmes ou pensando em mulheres atraentes. Mas, depois da ejaculação, sinto um grande vazio. Jogo a revista ou o filme fora, não vejo mais graça na "mulher escolhida", parece que nunca mais vou fazer sexo. Se me masturbo por dois dias consecutivos, no segundo não há a menor sensação de prazer. Qual é o meu problema? (Alan)

Depois da ejaculação, o homem entra em um período chamado refratário, ou seja, de desinteresse sexual. Curioso, porque a fisiologia feminina é diferente. Mesmo depois de atingir o orgasmo, a mulher tem uma excitação residual, que permite a ela sentir orgasmos múltiplos. O tempo do período refratário varia: pode durar algumas horas ou um dia. Preste atenção no final dos filmes eróticos. Você verá que todos eles terminam quando o homem ejacula. Por quê? Porque o desejo desaparece. Talvez, a única característica que difere você de outros homens seja seu período refratário, de desinteresse, um pouco maior do que a média. Quando você tiver uma namorada, vai perceber que, depois do sexo, vêm o aconchego, o carinho, a vontade de continuar abraçadinho. São essas coisas que dão sentido e graça às relações. E que o sexo não produz mesmo tanto prazer quando praticado como um simples ato, seja com prostitutas ou na masturbação.

Casei virgem aos dezessete anos. Na época do namoro, não conseguia penetração porque minha namorada tinha medo do tamanho do meu pênis. Depois de casados, descobrimos que ela sofria de vaginismo. Continuamos juntos por oito anos. Por causa do problema, ela me autorizou a transar com outras mulheres, coisa que jamais consegui. Na hora H, perdia a ereção. Não sei se por acúmulo de tesão, ou pelo fato de amar minha esposa demais. Acabamos nos separando e, depois de cinco anos, encontrei uma pessoa maravilhosa, com quem tive minha primeira relação sexual. Estava com 38 anos. Foi um período incrível, mas ela quis a separação. Faz mais de dois anos que estou só e ainda amo essa pessoa. O maior problema é que, quando aparece uma nova mulher, não consigo ter ereção. O que fazer? (Fábio)

Acho que a segunda história já tira a dúvida da primeira. Ou seja, o acúmulo de tesão não é a razão da dificuldade de não conseguir ereção com outras mulheres que não a primeira, de quem você gostava muito. Você é um tipo incomum de homem, que tem a sexualidade muito vinculada a elementos afetivos. Só consegue funcionar bem sexualmente quando mantém uma ligação sentimental e não acha graça em relacionamentos puramente sexuais ou ocasionais. Vaginismo significa dor muito forte na hora da penetração vaginal. Está ligado à contratura da musculatura do períneo, que pode acontecer ao longo da infância, já que muitas mães estimulam as filhas a não fazer suas necessidades fisiológicas fora de casa. E elas aprendem a contrair intensamente a musculatura da região. Mais tarde, têm rigidez desses músculos, o que impede a penetração. Mas, no seu caso, Fábio, sua primeira mulher podia ter também medo, já que o tamanho do pênis era grande. O fato de não conseguir transar com outras mulheres é porque o sexo e o amor estão intimamente vinculados. Será preciso, então, esperar se encantar sentimentalmente outra vez. Sair com mulheres apenas por sair não vai funcionar. E não há defeito nenhum nisso.

Tenho 49 anos, sou casada há 28. Meu marido me impôs uma condição para continuarmos casados: aceitar que, nas férias, outra mulher realizasse as fantasias sexuais dele. Aceitei a princípio, mas, depois de pensar bastante, resolvi recusar a proposta. Ele deveria continuar casado comigo por amor. O que o senhor acha dessa situação?

Provavelmente, seu marido tem sonhos eróticos, acompanha a vida de alguns colegas que trocaram de parceira ao longo desses anos e fica tentando encontrar uma solução intermediária entre o fato de querer continuar casado e manter o sonho de liberdade, principalmente de liberdade sexual, que a maior parte dos homens dessa idade tem. Sonho meio tolo, porque a liberdade sexual parece ser mais divertida e interessante do que efetivamente é. Seu marido está imbuído da vontade de ter uma vida em que possa manter o casamento tradicional por onze meses e viver, em um mês por ano, todas as suas fantasias eróticas. Você não deve aceitar essas atitudes apenas para manter o casamento, porque depois não vai conseguir sustentá-las. Mas, ao dizer não, você está impondo uma condição mais rigorosa. Não estou dizendo que você esteja errada, mas pode ser que seu marido ache que é uma exigência insuportável. De todo modo, acredito que o amor ainda exista. Você pode perfeitamente se recusar a manter essa situação, pensar em se separar ou reavaliar seu casamento.

58 **Sofro de ejaculação precoce. Tenho 35 anos e estou casado há seis. Queria descobrir o motivo de ejacular rapidamente na hora da penetração. Como é questão de segundos, ficamos sem ter prazer. (Gildo)**

Alguns homens respondem mais rapidamente ao estímulo sexual. E, se ficarem ansiosos, ejaculam mais depressa ainda. Você pode se beneficiar de alguns tipos de remédios para quebrar esse círculo vicioso: antidepressivos, como os tricíclicos ou os mais modernos, como a fluoxetina ou a paroxetina, cujo efeito secundário é retardar a ejaculação. Consulte um clínico geral, um urologista ou até mesmo um psiquiatra, porque um deles vai poder prescrever uma medicação antidepressiva para você. Mais sereno, você dominará melhor a situação e vai aprender a se relacionar com sua parceira mais tranquilamente.

Namoro há mais de sete anos. Nesse tempo, minha namorada me deixou duas vezes, em 2005 e em 2006. Estamos com o casamento marcado. Antigamente, tínhamos relações sexuais pelo menos uma vez por semana; de seis meses para cá, não temos relações por até três semanas. Já conversamos sobre o assunto e minha noiva sempre repete a frase: sexo não é tudo em um relacionamento. Temos entre 28 e trinta anos, meus amigos dizem que fazem sexo pelo menos três vezes por semana, e eu faço o impossível para que cheguemos ao fim de uma relação, porque, às vezes, minha noiva para na metade. Gostaria de saber o que devo fazer. (Vinícius)

Sua noiva já deu sinais de ser intolerante, mimada e manipuladora, principalmente nessa questão do sexo. Em vez de dizer que sexo não é tudo em uma relação, é melhor se perguntar: qual é a importância do sexo em um relacionamento? Como quase tudo, diria que o sexo não tem importância nenhuma desde que vá bem, ou seja, se todo mundo estiver contente e satisfeito com aquilo que acontece. Não sei se duas ou três vezes por semana é uma quantidade razoável, mas uma vez a cada 21 dias é sintoma de que o futuro será catastrófico. Essa ideia de que com o casamento as coisas vão se ajeitando é absolutamente ingênua.

O casamento costuma provocar uma acomodação ainda maior nas pessoas e salientar os defeitos que têm. Ninguém "melhora" depois que casa. Isso é mito. Sete anos de namoro, duas brigas no meio e vida sexual insossa: os riscos de o casamento dar errado são quase 100%. Pense bem para ter um futuro brilhante.

É possível acontecer a transmissão do vírus HIV por meio de sexo oral? Tenho 26 anos e perdi a virgindade com uma garota de vinte, com quem me relacionei durante um ano. Ela já havia praticado sexo em relacionamentos anteriores. Sempre usei camisinha, mas fazíamos sexo oral sem nenhuma proteção. Passei a ficar preocupado com a transmissão de alguma doença sexualmente transmissível depois do término do namoro. (Rogério)

Não há um risco muito grande de transmissão do vírus pelo sexo oral, principalmente se for você quem estiver praticando na moça. Ao contrário, ela é que teoricamente poderia correr um risco maior, porque o contágio acontece quando a mucosa da boca, não muito saudável, entra em contato com o esperma. Se houver um sangramento na gengiva, por exemplo, existe o risco de contaminação. No seu caso, é muito improvável que o clitóris de sua namorada estivesse com algum tipo de sangramento. A prática mais perigosa é o sexo anal praticado sem camisinha, por causa do atrito e dos pequenos sangramentos que provoca. As mulheres são contaminadas, às vezes, por parceiros estáveis, que têm práticas bissexuais e trazem o vírus depois de terem relações anais fora de casa (onde agem como passivos) e feitas sem camisinha. O uso do preservativo é fundamental sempre, a não ser em relações absolutamente monogâmicas, nas quais os dois fizeram exame de sangue para detectar se não houve contaminação prévia.

De cinco anos para cá, preciso pensar em outra pessoa para fazer sexo com a minha mulher. Sou casado há 22 anos, tenho 44 e faço sexo todos os dias. Talvez seja essa a razão. Já tentei falar sobre essas fantasias com minha esposa, mas percebi que ela não gostou muito. Não sei se isso é normal. (Carlos)

É normal ter fantasias durante a excitação sexual. Mas, depois de 22 anos, talvez sua mulher prefira sexo menos frequente e marido mais sincero. Ou seja, as relações poderiam ser a metade do que são – dia sim, dia não –, mas todas voltadas para a sua mulher, para que você pudesse ver as respostas e as reações dela. Caso contrário, como você tem relação pensando em outra pessoa, acaba ficando muito longe dela. Poderia, por exemplo, se masturbar, o que não é tão divertido. Seria mais interessante que vocês, juntos, encontrassem uma forma de ativar a vida íntima, sem a necessidade de manter essa frequência diária à custa de fantasias. Assim, haveria uma ligação mais intensa e mais verdadeira entre vocês dois.

Homens que gostam de se aventurar com travestis são héteros ou homossexuais?

O travesti é visto pelo homem de forma indefinida, porque não é nem homem nem mulher – é como se fosse um terceiro gênero. A maior parte dos homens que fazem sexo com travestis é heterossexual, tem fascínio por esse personagem e mantém relações sexuais não raramente em papel passivo. O travesti, então, que não tiver virilidade suficiente para produzir penetração anal interessa pouco aos heterossexuais. É bom deixar claro que a estimulação anal é prazerosa para 100% dos homens. Eles têm uma sensibilidade muito grande no orifício externo do ânus, e a penetração é bastante excitante até porque implica uma massagem na próstata, capaz de provocar a ejaculação. Toda a atmosfera que envolve o travesti e os lugares que ele frequenta são de grande prazer erótico para muitos homens. Não acredito que quem procura travesti seja homossexual, porque, nesse último caso, o desejo é focado diretamente na figura masculina. E o travesti não é uma figura masculina, mas uma figura feminina com pênis.

Sou separada, tenho 46 anos e percebo um novo fenômeno na paquera: os homens de minha geração quase não se aproximam, enquanto os mais jovens se manifestam frequentemente. Será que os homens de cinquenta estão acomodados ou temerosos em relação ao amor? (Denise)

Paquera não se trata propriamente de amor, porque a maior parte das aproximações feitas pelos homens tem outra finalidade, que nada tem a ver com a palavra amor. A paquera tem uma natureza erótica – o homem está buscando a aventura do momento. No consultório, ouço o contrário: que são os meninos de dezesseis, dezessete anos, que estão muito calminhos na abordagem, ficaram muito passivos, esperam tranquilamente serem abordados pelas meninas. Apesar de o desejo sexual masculino ser basicamente visual – e a iniciativa viria desse desejo –, parece que os homens descobriram que podem sentir desejo e não se mexer, podem esperar que as moças façam o movimento que antes eles faziam. Já os homens de meia-idade sempre foram do tipo paquerador ativo, e acho que os de cinquenta, enquadrados nesse perfil, fazem parte ainda do modelo antigo.

Nunca namorei. Aos 23 anos, já tive vários relacionamentos sexuais, todos efêmeros. Sou poeta e muito introspectivo. Gosto às vezes de dar voltinhas dentro de mim mesmo, criar cenas no meu imaginário como se fossem novela –

ali, namoro belas mulheres, sou feliz profissionalmente. Tenho disfunção erétil. Por que estou com essa dificuldade de encontrar um amor? (Júlio)

Todo rapaz com dificuldade de ereção fica muito ansioso e inseguro. Com isso, perde a coragem de ter um envolvimento amoroso. Uma das características do amor romântico é apaixonar-se por alguém, criar fantasias e ficar sonhando, fazer viagens imaginárias, e não viver o amor na vida real. A falta de coragem pode ser reforçada pela própria disfunção erétil. Mas, se você encontrar uma moça legal e conversar claramente sobre o assunto, disser que tem essa insegurança sexual, pedir cooperação, aos poucos vai se sentir mais tranquilo, e a disfunção erétil melhorará. Existem alguns medicamentos que aumentam a competência da ereção, ainda que haja preocupação com o desempenho. Esses remédios ajudam o indivíduo a recuperar a autoconfiança.

PAIXÃO E AMOR SÃO UMA COISA SÓ?

Muitos acham que paixão é um sentimento maior, mais relevante do que o amor. A paixão se caracteriza por um amor de grande intensidade entre duas pessoas afins, um amor recíproco, não usual. Mas a paixão tem outra característica: vem associada ao medo. Enorme medo. As causas? A mais importante delas é que, ao se aproximar e ficar muito íntimo, o par começa a temer a perda da individualidade. E há também o medo de que o parceiro, justamente por imaginar que pode vir a perder sua privacidade, fuja da relação.

Outra característica da paixão: insegurança. O casal está sempre inseguro. Cada um fica se perguntando solitariamente: será que ele (ou ela) ainda me quer? Ainda me ama? Surge, então, aquele conhecido clima aflitivo, que faz um correr atrás do outro. O coração bate forte na paixão, mas de medo. Nos casos em que essa paixão se transforma em uma relação de qualidade, as pessoas pensam que, se o medo e a taquicardia diminuírem, é sinal de que a paixão diminuiu também. Mas o que baixou foi apenas o temor das perdas. A paixão pode ser o início de uma belíssima história de amor.

E, por falar nele, amor à primeira vista tem lógica? Existe mesmo? A verdade é que todos nós temos uma sensação de incompletude, de vazio. Parece que só nos completamos quando encontramos a outra metade. Pessoas muito insatisfeitas com seu destino olham à volta e veem sua metade em qualquer parte, nem sempre de maneira muito criteriosa. Quando um homem olha uma moça e tem desejo intenso, pode confundir esse desejo com o encantamento inicial, o tal amor à primeira vista. A moça, ao olhar um rapaz, tem ideia de quem ele é e tende a se entusiasmar ao perceber o interesse dele. No momento em que os sinais são recíprocos, parece que finalmente a outra metade foi encontrada. E tem-se a impressão de que houve um encantamento ilógico e irracional. Até porque surge, rapidamente, a sensação de completude. Entretanto, quando se observa mais de perto esse novo par que se forma, vê-se o quanto cada um está carente e "necessitado" de encontrar a outra metade.

Embora o amor possa acontecer em um estalar de dedos, a chance de um relacionamento ter vida longa depende da amizade que se estabelece, da troca intelectual, do respeito à opinião do outro, do caráter de ambos. O amor à primeira vista vem do encantamento instantâneo, mas as boas relações afetivas têm continuidade quando um conhece a alma do outro melhor.

*

Tenho 45 anos e, há seis meses, me apaixonei por uma moça dez anos mais jovem. Esse sentimento é puro e não pode ser ignorado. Não envolve nem requer sexo. É possível não concretizar essa relação e ainda assim ser feliz? (Luana)

Entendo a situação complicada na qual você acabou involuntariamente se colocando, porque você se encantou por uma moça dez anos mais nova sem saber se ela tem a intenção de corresponder a esse sentimento. E o fato de não ter sexo me parece comum, uma vez que o envolvimento sentimental intenso o deixa em segundo plano – pelo menos nesse primeiro momento da relação. Mas você pergunta se é possível conviver bem com esse sentimento, não concretizar a relação, e ainda ser feliz. Para ser sincero, é complicado. Com o passar do tempo, você terá vontade de transformar esse sentimento, que agora é absolutamente unilateral e não passa de fantasia, em algo mais concreto. Falar em amor, na minha maneira de pensar, significa falar em correspondência. Quer dizer, tenho um sentimento, sinto-me aconchegado pela presença de uma pessoa que sente mais ou menos o mesmo em relação a mim. Se não existir essa bilateralidade, é difícil que a relação amorosa seja estável, gratificante e feliz. A não correspondência, aos 45 anos, deve ser vista como algo imaturo, equivocado. O certo seria você conversar com a moça sobre seus sentimentos, deixar claro como você está e como a vê nesse momento. Precisa saber também se ela está disposta a aceitar, ou não, esse tipo de contato afetivo. Caso contrário, você ficará em um plano puramente unilateral, que não corresponde efetivamente ao amor maduro, e inviabiliza a felicidade em médio e longo prazo.

Sou casado há 25 anos e confesso que, durante todo esse tempo, não me lembro de ter experimentado o amor verdadeiro. Sinto-me bem ao lado de minha mulher, que diz me amar muito. Despertei paixões em muitas mulheres, tive vários casos extraconjugais. No entanto, não passavam de atração sexual. Gostaria de saber o que faço para amar verdadeiramente.

Veja que coisa mais complexa: você sabe que não experimentou um sentimento de amor verdadeiro, o que significa que, mesmo não tendo experimentado, supõe que exista. Isso já é uma contradição, porque você não pode se ressentir de não ter vivido aquilo que não conhece. O amor é uma sensação bastante diferente dessas paixões que você pode ter despertado nos relacionamentos extraconjugais. É um sentimento que se tem por alguém cuja presença promove paz e aconchego. Exatamente isso que você sente por sua mulher. Você diz despertar mais a paixão, ser mais amado do que ama. Há mesmo quem tenha medo de amar de verdade e goste mais de ser amado. Porque, se você se coloca de maneira a provocar, além de encantamento, insegurança, para deixar o outro enciumado, naturalmente a pessoa vai ficar atrás de você. E, como corre atrás, você tem a sensação de estar apaixonado. Paixão é isso: amor + medo. Amor verdadeiro é o mais próximo de tudo aquilo que você sente por sua mulher. Amor intenso, porém, implica estar muito mais envolvido com ela e muito menos com experiências extraconjugais. Charmoso e simpático, você é capaz de despertar o encantamento nas moças, e parece estar mais preocupado com isso do que com amar realmente. Amar significa ser fonte de serenidade para a outra pessoa. Essa serenidade você não pode viver, pois significa não ter a necessidade de provocar ciúme. Você acabou criando uma fórmula em que é mais amado do que ama, mas sente-se frustrado, porque fica nesse papel passivo.

Por que uma paixão se torna obsessiva? Não consigo esquecer uma pessoa por quem fui apaixonado, que já se desligou da empresa e não vejo mais. Vivi uma situação

impossível, porque ela também era casada. Nosso relacionamento não chegou a acontecer, mas houve uma paixão muito forte. (Flávio)

Impedir que uma relação vá adiante em virtude de impedimentos externos, como ser casado, é difícil de digerir. Há todo um contexto de sofrimento, e as pessoas ficam fantasiando como teria sido a convivência. Mas não há outra saída para histórias de amor que não podem dar certo: o melhor é evitar pensar no assunto. Cada vez que vem a lembrança, não fique cultivando, não alimente a dor. Porque as pessoas gostam de curtir a dor de amor. E têm esse hábito porque dizem que, se há dor, é porque o amor valeu a pena. Coisa de poeta com a qual não concordo: se não podemos transformar a paixão em realidade, a melhor coisa a fazer é tentar se livrar desse sentimento. Caso contrário, fica-se padecendo, encompridando o sofrimento. Na vida, é preciso tentar sofrer o mínimo possível.

Tenho quarenta anos, um casamento de 22, um filho de dezoito. Meu marido é um homem bom, fiel, mas sem perspectivas financeiras. Ao longo do casamento, eu o traí várias vezes, sempre por paixões arrebatadoras. Depois que acabavam, e mesmo me sentindo mal, eu retomava o casamento. Vivo uma nova paixão, mas à distância, porque ele mora em outro país. Como não tenho contato direto, a

culpa é menor. Gostaria de amar meu marido, envelhecer ao lado dele, mas preciso viver essas paixões, e não necessariamente o sexo. (Sabrina)

A impressão que você passa é de que sua vida conjugal é muito boa. Marido fiel, bonzinho, é muito chato. É engraçado pensar que as pessoas acham o amor um pouco tedioso. De brincadeira, sempre disse que amor se parece mesmo com uma estação de águas, onde não acontece nada de muito emocionante. As pessoas imaginam, e erram, ao acreditar que o amor deveria ser um lugar de grandes emoções. Amor é paz, aconchego, sossego. Mas as pessoas ficam esperando que seja aventura. E têm grande decepção. Surgem, então, outros envolvimentos. Paixões quase sempre emergem de situações proibitivas. O indivíduo se apaixona por alguém que não está disponível, que não é possível. Há o risco de ser pego, de sofrer decepção, de ser abandonado. A paixão corresponde àquilo que o sociólogo milanês Francesco Alberoni, autor do livro *Enamoramento e amor*, chamava de "estado extraordinário", um estado de emoção muito grande em que existem impedimentos. O impedimento sempre faz a relação ser ainda mais emocionante, porque não sabemos como vai evoluir, se é que vai evoluir. É uma história cheia de suspense, o oposto da calmaria e da estação de águas que é o casamento. As pessoas dizem gostar de sossego, mas gostam mesmo de filmes de suspense.

Então, você está evidentemente entediada com seu cotidiano e acaba indo atrás de aventuras. Mas cada um deveria procurar em sua vida pessoal, ou profissional, aventuras emocionantes. Talvez aprender coisas culturais diferentes, ter atividades esportivas, ir atrás de emoções em outro lugar. Viver o amor como aventura é ter que se apaixonar por situações de proibição o tempo todo.

TRAIÇÃO: PERDOAR, SIM; ESQUECER, JAMAIS

Há como identificar se o parceiro sentimental será leal e fiel? As características da personalidade de uma pessoa dão pistas de seu caráter, embora não haja garantia nenhuma sobre sinceridade. Quem é egoísta, por exemplo, tem indicadores de não ser uma pessoa 100% confiável: imaturo, intolerante à frustração, superficial na conversa, extrovertido, conta pouco de si mesmo e se gaba de feitos que nem sempre são verdadeiros. Quem é bem formado moralmente, rigoroso em seu jeito de pensar e falar, mais dócil e menos agressivo, costuma ser leal.

Quase sempre, pessoas calmas e generosas tendem a se encantar por tipos mais extrovertidos e egoístas. Ficam inseguras e têm ciúme, com toda razão, até porque o egoísta não é lá muito confiável. Curiosamente, o egoísta também tem seu lado ciumento. Apesar de achar que vive com um parceiro leal, tem consciência de que não é tão dedicado a ele quanto deveria e sente medo de que o outro possa abandoná-lo.

Como garantir lealdade e fidelidade? Tentando escolher parceiros estáveis e de bom caráter. Ainda assim, pequenos deslizes podem ocorrer, porque humanos não são santos.

*

Depois de vinte anos de casada, fui traída. Oito meses após a separação, ele me procurou. Achei que tudo voltaria ao normal, mas não consigo esquecer o que ele fez. O retorno vai ser difícil, porque precisaria começar do zero. O que devo fazer? (Rose)

Não há como voltar ao zero. Depois de vinte anos de casada, e uma experiência desagradável, é evidente que o relacionamento vai recomeçar do ponto em que terminou. Se ele procurou você para voltar, e se você aceitou a volta dele, é porque achou que ainda havia coisas em comum. No entanto, ninguém consegue esquecer tão facilmente uma infidelidade sentimental. Imagino que tenha sido uma infidelidade sentimental, e não uma simples "pulada de cerca", de caráter exclusivamente sexual. Então, é normal sentir medo de que o indivíduo possa ter uma recaída e vir a se envolver com outra pessoa novamente. Acredite, é menos provável que isso aconteça, porque, ao se arrepender e voltar atrás, o sujeito chegou à conclusão de que havia consistência no relacionamento anterior. Achou que compensava dar marcha a ré, porque isso implicava uma tentativa de reconstruir uma história que havia sido sólida, em vez de construir um novo projeto. Cabe, sim, batalhar para a recuperação da relação, porém sem a ilusão de que será fácil esquecer. As pessoas conseguem perdoar, mas não esquecem jamais.

Fui casado durante quinze anos. Comecei a faculdade na mesma época que minha mulher. Nesse período, o comportamento dela mudou muito. Ela passou a querer ter mais liberdade e acabou me traindo. Não consigo aceitar o fato de ela ter mentido. Durante um ano, omitiu esse relacionamento para todo mundo, para os amigos e para as nossas duas filhas. E ainda fez todos acreditarem que nosso relacionamento havia simplesmente acabado. No passado, ela já havia me traído, mas disse que estava arrependida. Quando percebi que o comportamento dela estava mudando, pedi que tomasse cuidado, mas ela dizia que eu era uma pessoa extremamente ciumenta, que sufocava nosso relacionamento. Agora, quando fico muito distante, ela vem atrás. Talvez se fizéssemos terapia de casal, eu recuperasse a confiança nela. Talvez eu voltasse se ela demonstrasse um arrependimento mais profundo e amadurecesse com tudo o que aconteceu. (Frank)

Você me parece um homem amoroso, dedicado, fiel, leal. Sua mulher talvez seja um pouco menos consistente do que você nesse aspecto. Já havia cometido uma pequena falha no passado, agora teve um comportamento bastante duvidoso. Não contar a você exatamente o que estava acontecendo, já que não mantinha um casinho tão irrelevante assim, e mentir para todas as pessoas mostra a personalidade que tem. Essas tentativas de reaproximação, aparentemente amostras de arrependimento, podem ser sinais de que ela está insegura ou que a história com o outro não está evoluindo como ela gostaria. Seja um pouco mais rigoroso em seu raciocínio e não tome decisões apenas por razões sentimentais ou porque gosta da ideia de ter uma família unida. Não aceite essa possível recuperação com facilidade. Também não acredite tanto em terapia de casal, porque o que houve foi uma falha grave de caráter.

Como posso saber se meu namorado está me enganando? Quais são os sinais mais comuns? (Marcela)

Homens não confiáveis são mentirosos, contam muita lorota. Contam hoje uma história de determinado modo, amanhã de maneira completamente diferente. São pessoas que não têm coluna vertebral, quer dizer, muita consistência. Gostam de fazer charme o tempo todo. A principal característica, porém, é não tolerar a frustração. Quem fica revoltado quando as coisas não acontecem do jeito que gostaria vai ter mais dificuldade em falar "não" às tentações. E, naturalmente, não faltam oportunidades para os homens usufruírem de experiências sexuais ou sentimentais fora de seu relacionamento. Se o indivíduo tiver consistência moral, for mais maduro e equilibrado, sentirá o impacto da presença de outras mulheres, mas será perfeitamente competente para domesticar esse impulso e se comportar dentro do que for combinado entre o casal.

Ter uma aventura amorosa eventualmente, que não prejudique o relacionamento, é traição? (Gustavo)

Posso dar uma resposta muito política, que agrade a homens, mulheres, moralistas e não tão moralistas. Na tradição cultural brasileira, esse tipo de traição parece ser um pecado menor – quando é o homem que mantém essa "aventurinha", claro. As mulheres costumam aceitá-la com mais naturalidade. A aventura puramente erótica é sempre muito mais palatável para o parceiro do que a história de envolvimento sentimental. Aventura esporádica é uma coisa, envolvimento sentimental é outra. O segundo é muito mais doloroso. A aventura sexual esporádica é encarada pelos homens sem grandes pudores. Particularmente, acho que as pessoas deveriam dispensar esse tipo de "esporte", até porque, se não houver envolvimento emocional intenso, a relação acaba sendo meio sem graça; mas, se houver, entra em choque com o relacionamento estável.

AFETOS EM ERUPÇÃO

Não é fácil viver! Muitos são os momentos em que nos vemos em estado de sofrimento e dor em decorrência de desconfortos e doenças físicas ou por força de perdas amorosas, rejeições de pessoas que nos são relevantes, perda por morte dos ancestrais que nos são caros. Ficamos nos sentindo abandonados, desamparados e, muitas vezes, desesperançados. Pessoas mais afortunadas e em melhores condições para enfrentar adversidades são as que aprenderam a tolerar melhor frustrações e contrariedades que inevitavelmente irão nos alcançar ao longo da vida.

Existem situações de sofrimento que são difíceis de entender e até de gerar respostas e posicionamentos corretos. Uma delas é quando há incapacidade de encontrar parceiros sentimentais justamente por causa de qualidades exuberantes. O fenômeno é mais comum entre as mulheres, que, inteligentes, bonitas e de ótimo caráter, intimidam e afastam aqueles homens que poderiam ser seus parceiros ideais. Eles, inseguros e com baixa autoestima, não raramente se unem a mulheres muito aquém de suas expectativas – e assim estão formadas alianças frustrantes e de estabilidade duvidosa. Não é de espantar, então, que o número de pessoas sozinhas, quando poderiam estar em boa companhia, seja tão grande.

Um dos requisitos da vida moderna é fazer com que as pessoas aprendam a viver sós e a buscar distração nos próprios trabalhos. Não há mais solidez nas relações afetivas, assim como não há estabilidade na maioria das atividades profissionais. Tudo pode acontecer às pessoas, de bom e de ruim. Elas têm de estar preparadas para tolerar qualquer tipo de adversidade e, da mesma forma, ser competentes para lidar com o que acontece de bom – o que também não é nada fácil.

*

Sou divorciada, tenho 38 anos. Meu companheiro mais recente, com quem fiquei por um ano e cinco meses, mantinha o hábito de sair do trabalho e tomar uma cerveja com os amigos. Quando reclamei, ele me disse que não abriria mão disso e que os amigos eram muito importantes. Um dia, pedi que ele comprasse uma pizza e ele me respondeu

que não tinha dinheiro. Acabamos discutindo e eu o mandei embora. Fiz certo? (Adriana)

Não há nenhuma razão para você aceitar qualquer tipo de relação que seja desequilibrada. Não há motivo para que seu companheiro se atribua direitos maiores do que aqueles que ele atribui a você. Não há razão para você ter que aguentar comportamentos arbitrários. Ele não abre mão de nada e, ao mesmo tempo, não faz um agrado, mínimo que seja, a você. Qual a lição a aprender? Não ser tolerante com esse tipo de comportamento. Fico surpreso de ver como as pessoas, em nome do amor, fazem concessões, aguentam desaforos, passam por cima de arbitrariedades. Não há nada mais importante do que nosso orgulho, nossa dignidade, nossa estima. Não há nenhum sentimento nem nenhuma emoção que valham mais do que isso. Qualquer comportamento que ofenda, prejudique nossa dignidade, precisa ser cortado rapidamente. Não faz o menor sentido aguentarmos qualquer coisa por receio de ficarmos sozinhos. Porque ser sozinho não é tão grave. Muito mais grave é estar acompanhado de quem age de modo ofensivo e humilhante.

Tenho dezoito anos e sofro muito por causa de minha timidez. Jamais consegui me aproximar de qualquer mulher. Sou sensível, componho músicas, faço poesias. Várias

pessoas já elogiaram meu trabalho e me dão moral, mas não consigo vencer essa barreira. Os poucos relacionamentos que tive terminaram cedo em razão dessa timidez ou por meu amor não ter sido correspondido. O que faço? (Ricardo)

Você tem apenas dezoito anos e precisa esperar um pouquinho mais para que o tempo faça o serviço a seu favor. As características de sua personalidade tendem a melhorar com o passar dos anos e a fazer com que você seja bastante assediado. Acho apenas que você teria de ser menos afoito antes de se envolver e saber se existe correspondência por parte da menina. Se o seu amor não for correspondido, é porque você acabou se envolvendo sentimentalmente antes de saber se a garota estava na mesma frequência ou na mesma intensidade de encantamento. E isso sempre é muito perigoso, porque você fica sujeito a um sofrimento maior. O amor é como uma escadaria: a gente sobe um degrau e espera para ver se a outra pessoa subiu esse degrau também. Essa história de chegar ao topo da escada e ficar lá esperando o outro não é uma boa tática. Para vencer a barreira da timidez ou a dificuldade de imaginar que a menina vai achá-lo legal, você precisa se arriscar, aprender a cortejar, a fazer elogios, a dizer como você gosta do jeitinho dela. Ir, aos pouquinhos, conversando, deixando que ela saiba quem você é, para que ache graça e queira namorar você. Não desista!

Sou inteligente, chamo a atenção das pessoas, mas ultimamente não consigo ter um relacionamento afetivo. E, quando consigo, não passa de dois meses. Um amigo disse que sou um "mulherão", mas completamente insegura. Isso pode ter a ver com o fato de eu nunca ter tido pai, ser filha única e minha mãe ser fria? (Cláudia)

Se existirem marcas que venham de nosso passado, é nosso dever conseguir superá-las, tentar ultrapassar essas limitações, ir adiante. A vida adulta significa tentarmos de todo modo ser mais do que aquela dezena de marcas que a história de cada um determinou. É preciso pensar: "Eu quero ser senhora de mim mesma". E, para ser senhora de si mesma, é preciso se livrar das experiências traumáticas, perdoar pai e mãe, perdoar o passado. Ficar atribuindo as dificuldades atuais aos problemas da infância e da adolescência não é evolutivo. Não levam a lugar nenhum. Se a pessoa posa de vítima, não sai do buraco. É melhor encarar o problema atual e tentar resolvê-lo.

Como lidar com a perda e não lançar mão de drogas?

Suportar a dor e o sofrimento é o maior obstáculo que temos de experimentar ao longo da vida. É aquele momento em que precisamos demonstrar nossa potência psíquica, a fim de superar a infelicidade. Ficar encalhado na dor é muito fácil. Não há outra solução senão vivê-la e enfrentá-la. As pessoas não devem fazer uso de nenhum recurso atenuador do sofrimento, a não ser seu próprio psiquismo. Quando morre uma pessoa querida, de nada adianta ficar sentado, de luto, por tempo indeterminado. É preciso se ocupar. Quanto mais você conseguir ocupar seu pensamento, menos você sofrerá. Tente se entreter com o trabalho, mantenha boa conversa com amigos queridos. Esteja com pessoas com as quais você se sinta confortável para falar sobre o que está sentindo. Lance mão de um tranquilizante, eventualmente, e, se for o caso, de antidepressivos. Mas não do álcool, porque será mais difícil, depois, libertar-se dele. No momento em que estamos tristes, a dose nunca é controlada.

Sou terapeuta clínica na área comportamental. É muito comum ouvir pacientes reclamarem de baixa autoestima depois de terem sido rejeitados pelo parceiro. Essas pessoas se sentem incapazes de gostar de mais alguém. Elas têm um deficit em suas habilidades sociais e vivem em função de regras que criaram, falsas evidentemente. É bastante difícil para o terapeuta mudar essas regras, tentar elevar a autoestima sem remédios. Como o senhor lida com esse tipo de queixa? (Andréa)

Sofro de baixa autoestima. Desde criança, meu pai dizia que eu nunca ia ser nada. Incorporei de tal forma essa pra-

ga que, mesmo agora, com mais de cinquenta anos, e apesar de ter feito várias terapias, não consigo vencer. Acho que sou uma fracassada. Não consigo me realizar na carreira, não casei, não tive filhos. Não me imponho diante de colegas e chefes. As pessoas dizem que sou inteligente e culta, frequento concertos e óperas, discuto sobre qualquer assunto, leio muito. Como faço para reverter esse quadro? (Maria José)

Baixa autoestima não se resolve com facilidade. Tem a ver, essencialmente, com o juízo que a pessoa forma a respeito de si mesma nos primeiros tempos de vida, juízo esse que deveria ser revisto depois. A Maria José levou a sério demais o que ela chama de praga rogada pelo pai. Às vezes, as pessoas têm uma ideia tão negativa de si mesmas que já se sentem menores diante dos outros. Obviamente, as relações serão prejudicadas, porque indivíduos assim chegam em qualquer ambiente com um pé atrás, com a impressão de que vão ser rejeitados logo de cara. E, se pensam dessa forma, têm uma postura meio agressiva, estão sempre na defensiva. Não são nada cordiais. São inábeis no trato. Aí acumulam mais resultados negativos em suas relações interpessoais e têm a autoestima ainda mais afetada. Porque autoestima depende de acontecimentos, de fatos, da interatividade com o outro, e não do exercício de se olhar no espelho e dizer "eu me amo". Para reverter esse quadro, é preciso paciência, determinação, e também experimentar se colocar de modo diferente nas relações para observar como as respostas dos outros podem ser distintas.

Há um ano, rompi um relacionamento de quinze anos, perdi o emprego, tive que me adaptar a uma rotina absolutamente nova. Perdi meu pai, sou filha única, cuido de minha mãe e de meus avós maternos. Estou apavorada com tantas perdas e ausências. Sei que não existe fórmula mágica, mas como posso superar tudo isso? (Karina)

As adversidades mais difíceis de suportar são as relacionadas com rupturas, com perda de vínculos afetivos, com mortes. São situações de sofrimento máximo. Pessoas mais maduras são as que lidam melhor com esses momentos da vida. As mais imaturas não se conformam, insistem em agir de modo a querer reverter o irreversível, a querer modificar o rumo das coisas, que têm seu ritmo natural. Perdas e sofrimentos acabam por definir a capacidade de conseguirmos amadurecer. Por meio das superações, vamos chegando mais perto da tolerância absoluta, e tudo aquilo que vier a nos acontecer não será mais capaz de nos derrubar.

Qual a importância da mãe em nossas mazelas emocionais e na construção do ser humano? (Sonia)

Historicamente, o papel da mãe sempre foi muito relevante na educação dos filhos. As crianças sofriam nos primeiros anos de vida a influência da mãe, do pai, dos irmãos, dos avós, dos tios. A vida era quase um clã, como é até hoje em certas áreas rurais. A partir de 1960, a influência de outras variáveis sobre a educação vem crescendo muito. As crianças vão para a escola cada vez mais cedo. Antigamente, iam por volta dos seis anos. Hoje, a média está em torno de dois anos. Então, a criança começa a ter influência de pais e professores, de pais de outras crianças, dos meios de comunicação – por intermédio de desenhos animados, programas de televisão. Antigamente, a criança não tinha voz ativa. Agora, manda na casa a partir dos três, quatro anos. É "chefe de família". Isso deve deixá-la extremamente insegura. Atualmente, a família conta muito menos em termos de educação. O papel dos pais é muito menor do que o dos amigos, da televisão. No caso das drogas, por exemplo, a família não interfere obrigatoriamente nessa questão. Quinze anos atrás, o número de meninas com catorze anos que bebiam uma vez por mês era 0,2 ou 0,3%. Hoje, é de 35%. E o número de meninos era dez, doze vezes maior do que o de meninas. Agora, é exatamente igual. E os pais não têm nada a ver com isso. Não é porque os pais bebem mais do que bebiam, bebem a mesma quantidade do que bebiam, mas a propaganda e a influência do ambiente e dos amigos contam mais do que a família.

A MENTE DOENTE

As fronteiras entre um dependente efetivo de bebida e o sujeito que faz uso regular de álcool, mas mantém as doses sob controle, são bem frouxas. Estudiosos mais radicais apostam que todo indivíduo que bebe diariamente é alcoólico. Outros acreditam que só para quem o álcool prejudicar a vida social, profissional e familiar pode ser considerado doente.

A frequência com que os adolescentes vêm consumindo bebida é muito alarmante. Quinze anos atrás, 2,3% dos meninos entre catorze e dezesseis anos bebiam com alguma regularidade. Praticamente zero por cento das meninas ingeriam álcool. Hoje, ambos bebem na mesma quantidade, e 33% deles fazem isso regularmente.

Quanto mais cedo o indivíduo começar a beber, maior o risco de se tornar dependente químico. É possível prever que, daqui a vinte anos, haverá um aumento considerável do número de dependentes químicos, pessoas que dormem mal sem álcool suficiente circulando pelo organismo, acordam com tremores e só sossegam no momento em que bebem. Têm déficit da função intelectual e da memória. Às vezes, são tímidas e começaram a beber em função da vergonha que sentiam socialmente; outras são reservadas demais e se tornam mais agressivas com a bebida.

O tratamento é sofrido. Toda dependência química que se acopla à psicológica é sempre muito trabalhosa, difícil de obter bons resultados. A maior

parte dos pacientes que procuram ajuda entra em clínicas e pensa em ali permanecer por poucas semanas. Desintoxicam-se, mas têm recaídas com regularidade quase absoluta. Os melhores resultados que se conhecem sobre o alcoolismo proveem dos grupos de ajuda formados pelos próprios alcoólicos, os Alcoólicos Anônimos (AA). Foi o primeiro grupo de autoajuda montado no mundo. Gente que conhece por dentro o problema, que é tolerante quando um paciente sofre reincidência. Nas reuniões, há um clima de cordialidade, de conversa franca. Os AA apresentam resultados muito bons, dos quais a medicina oficial não chegou nem perto até hoje.

*

O que leva uma mulher a se tornar alcoólatra depois dos cinquenta anos? Trata-se de uma mulher bonita, mas agressiva, que foi infeliz no casamento. Está divorciada há dezoito anos, é aposentada, tem boa renda. Atualmente sem atividade, não aceita envelhecer. Os filhos, já adultos, parecem ignorar a gravidade do problema. Como os irmãos podem ajudá-la, uma vez que ela não admite que a bebida afeta seu comportamento e sua vida social?

É curioso, mas o alcoolismo costuma ser mais tardio nas mulheres do que nos homens. Não é rara a história de a mulher se perder de si mesma e não ver outro horizonte, a não ser se entreter com o álcool. O uso começa a ser um pouco mais regular e, de repente, mesmo que a pessoa não reconheça, torna-se dependente psicológica e, depois, química. Nos homens, o uso excessivo costuma aparecer na puberdade e na adolescência, quando, por timidez, sentem-se atrapalhados para abordar as moças. Ficam mais excitados, mais ousados com a bebida, e se apegam a ela mais do que deveriam. Nos primeiros anos da vida adulta, não raramente o álcool está relacionado aos revezes sentimentais. São as histórias das dores de cotovelo, dos botecos, em que os homens afogam suas mágoas em mesas de bar e acabam se tornando viciados em bebida. No caso das mulheres, o abuso é claramente identificado na época do ninho vazio – quando os filhos saem de casa –, durante a aposentadoria, quando ocorre algum infortúnio pessoal ou há grande dificuldade de envelhecer, como neste caso: uma pessoa aposentada, com filhos adultos e divorciada pode ficar rancorosa com o fato de que os anos estão passando e a beleza e a sensualidade não são mais atrativos sedutores. A agressividade significa não saber lidar com as adversidades da vida. Se a família tentar sinalizar que se trata de alcoolismo, a pessoa nega, sente-se agredida e naturalmente se afasta de quem a coloca na posição de alcoólatra. Internação para desintoxicação só pode ser feita com a anuência do indivíduo doente. Muitas vezes, a família sente-se impotente e precisa aprender a ter humildade para encontrar o momento oportuno de interferir.

Aos vinte anos, tive um problema sério com bebida. Estou com 33. Sempre que alcanço grandes objetivos, como na empresa ou na minha vida pessoal, tenho uma recaída. Bebo novamente e perco tudo. Preciso tomar medicamento e recomeçar do zero. Então, quando consigo mais uma vez vencer, vem a recaída. (Elias)

Parece que, sem perceber, você sabota sua felicidade. E é na hora do sucesso que precisa ficar mais esperto. Deveria frequentar os Alcoólicos Anônimos, porque lá iria aprender que, mesmo no momento em que para de beber, a pessoa precisa assumir que sofre de uma compulsão e mantém uma relação complicada com a bebida, de maneira que pode facilmente recair. Quando tudo entra em ordem outra vez, é hora de ressurgir a tendência destrutiva. Infelizmente, no seu caso, você não pode considerar que está 100% livre do álcool. É melhor levar em conta que tem uma característica quase biológica de ser dependente.

Tenho um relacionamento há sete anos e ele nunca me assumiu como namorada. Mesmo assim, continuo na relação. Estamos juntos em praticamente todos os finais de semana. Quando saímos, ele bebe bastante – às vezes fica eufórico, às vezes, triste. E também às vezes diz que sou a mulher da vida dele. Ele é bipolar, cada hora fala uma coisa diferente. Tenho a esperança de que um dia ele vá me assumir. Não cobro muito uma atitude dele. (Ana)

Não sei se ele é bipolar, porque o doente tem oscilações entre tristeza e euforia não diariamente, mas durante semanas mantém um modelo e, em outras, o modelo oposto. Depois de sete anos, acho que esse moço é indeciso demais e não acredito que vão acontecer grandes mudanças nos próximos sete anos. Você não deve cobrar nada mesmo – deve, sim, cuidar de sua vida. Se ele não corresponde às suas expectativas, você precisa tomar providências. Cobrar é sempre indevido, porque cada um tem o direito de fazer absolutamente o que quiser. Parece, porém, que seu parceiro tripudia em cima de sua tolerância. Se você desse indícios de que está desistindo dessa vida incerta, poderia detectar claramente se ele pretende mudar de posição ou se vai tentar manter indefinidamente esse namorico sem compromisso.

Existe algum mecanismo que nos faça descobrir nossos traumas? Falo sobre a compulsão alimentar que me assalta em algumas fases da vida. Nunca fui gorda o tempo todo, engordei agora pela terceira vez. Além da terapia, há algum exercício de reflexão que eu possa fazer para entrar dentro de mim mesma?

Não sei se existe tal mecanismo. Tenho até um pouco de dúvida sobre quanto esse processo é realmente inconsciente. O fato de existir dificuldade de mudar certos hábitos e comportamentos não deriva obrigatoriamente de fatos que nos prendam ao passado. Mudar hábitos, ou qualquer coisa em nós mesmos, é um processo dificílimo. Para fabricar associações, basta um instante; para dissociar, demora um inferno de tempo. Difícil mesmo é transformar hábitos simples, como na questão alimentar: mastigar com calma, engolir primeiro antes de colocar a porção seguinte na boca. É uma coisa óbvia, porque quanto mais devagar a pessoa come, mais prazer sente. O prazer está na comida passeando pela boca. Mas há quem torne a permanência do alimento na boca o menor tempo possível. Quando você engole uma barra de chocolate, perde a oportunidade de curtir a guloseima, é compulsivo. Não acho que precisa existir nenhum mecanismo inconsciente para justificar esse mau hábito. É a construção de uma associação que se faz por qualquer bobagem infantil. Um menino gordinho pode mastigar o chocolate depressa demais até por ter vergonha de comer essa guloseima, porque gordo que é gordo não deveria consumir chocolate. Então, ao comer rapidamente, ele se acostuma a comer cada vez mais ligeiro. No dia em que quiser lamber uma barra e ficar brincando com o chocolate na boca, vai se sentir incapaz, porque já está condicionado a comer muito vorazmente. Para mudar, é preciso muito esforço, muita obstinação. E todos os recursos terapêuticos são válidos para chegar a esse fim.

Estou casado há catorze anos e minha mulher não tem o hábito de pagar as contas. Minha sogra também não costuma honrar seus compromissos, nem conta de água, luz e telefone. Como tive outro tipo de educação, esse costume está causando um transtorno sério em meu casamento. (Nelson)

Existem dois modelos de pessoas: as que não pagam as contas e acham que não têm que pagar porque foram enganadas ou porque receberam uma mercadoria não compatível com o que encomendaram, e outras que usam esse tipo de desculpa simplesmente para não pagar – e pronto. Sua mulher arruma uma encrenca para justificar o não pagamento. Parece que é uma pessoa sem valores e princípios. E você fica chocado porque seus princípios são feridos. O que mais caracteriza esse tipo de personalidade que sua mulher tem é a ausência de qualquer sentimento de culpa, de vergonha. E, pelo jeito, ela não tem medo de represália, nem de castigo. Acho que você deveria refletir sobre como é sua mulher de fato, e não somente sobre esse traço do comportamento dela.

Tive um problema de hérnia de disco e fiz três operações, pois estava perdendo os movimentos dos membros inferiores e superiores. Na última cirurgia, foram colocadas placas de titânio. Os movimentos voltaram, e o médico me disse que a recuperação será lenta e gradual. Voltei a andar na rua com bengala e, às vezes, fico com medo. Entro em pânico. Meu fisioterapeuta diz que devo insistir até ganhar confiança, porque estou inseguro. Minha psicóloga acha que sofro de síndrome do pânico. Quem tem razão? (Carlos Roberto)

Não há antagonismo entre um diagnóstico e outro. É somente uma questão de nomenclatura. Síndrome do pânico é um nome mais pomposo. No fundo, você tem medo de perder a firmeza. No caso do pânico, é medo de ter medo: depois que o indivíduo passa por uma limitação física mais severa, uma adversidade, padece, na recuperação, de medo, que pode ser chamado de fóbico. É um medo indevido. Comparativamente, uma pessoa que sofreu um infarto e precisa viajar até Campinas, por exemplo, vai tremer de medo por dirigir cem quilômetros sozinho. Pensa: "Será que estou tão bem fisicamente como o médico afirmou?". É muito difícil recuperar a confiança depois de uma doença grave, seja uma cirurgia na coluna ou um infarto. Até que o indivíduo possa ficar forte o suficiente para enfrentar a nova vida, padece. Mas seu fisioterapeuta tem razão: você precisa insistir para recuperar a autoconfiança. E deve montar uma estratégia comportamental, ir enfrentando sucessivos e crescentes obstáculos até acreditar novamente em si mesmo. Às vezes, há a necessidade de recursos medicamentosos, que ajudam a diminuir o medo. Quando se fala em síndrome do pânico, fala-se na conveniência de usar medicação antidepressiva, que funciona como tranquilizante para o temor.

Sou viúvo, tenho 74 anos e um filho de 44, que não trabalha há sete. Ele é formado em direito e, desde que perdeu o último emprego, entrou em depressão – passa os dias entre a tevê e a internet. É muito tímido, nunca o vi com nenhuma namorada. Suas iniciativas se limitam a prestar concursos e, quando aprovado, arruma pretextos para não assumir o cargo. O que faço para ajudá-lo? (Francisco)

Seu filho está com um problema psicológico bastante sério. Além de muito tímido, e eventualmente ter dificuldades na área sexual, comporta-se mal diante da vida. O fato de sempre arrumar um pretexto para não assumir responsabilidades está ancorado na facilidade que encontra em casa. Além de acomodado, parece ser portador de perfeccionismo, provavelmente por ter medo do fracasso. A única coisa que você pode fazer é insistir para que ele busque ajuda psicológica, e talvez psiquiátrica, a fim de ganhar energia, determinação e coragem para fazer o que deveria ser feito, ou seja, ir atrás de um caminho próprio. E não ter uma vida quase vegetativa e ser um parasita na vida do pai, já que não é mais nenhuma criança.

Tenho um filho de 35 anos que está sempre de mau humor. Ele é muito agressivo, xinga todos os familiares, pai, mãe, irmã. Já quebrou coisas dentro de casa. Trabalha como segurança em restaurante e em casa noturna, mas, no momento, está desempregado. É meio violento fora de casa. Tem uma namorada há cinco anos – praticamente já estão casados –, e ela é pacata e submissa, aguenta tudo o que ele faz. Como ele não bebe, e acho que não usa drogas, penso que deve ter um problema de saúde. Gostaria que o senhor me indicasse um tratamento. (Roberto)

Existem duas possibilidades: seu filho pode ter alguma lesão ou dificuldade neurológica ligada a focos irritativos cerebrais, que provocam esse tipo de impulsividade, agressividade e descontrole. Essa hipótese teria que ser afastada por um neurologista – talvez essa seja a primeira etapa. Depois disso, é preciso verificar se ele é do tipo que não tolera bem contrariedades. Ou seja, se reage como se fosse uma criança mimada, que não pode ser contestada sempre que as coisas não saem do jeito que quer. Portanto, ele reage explosivamente, e é agressivo, mesmo que não haja qualquer fundamento para isso. Seu filho pode ter um foco irritativo cerebral na região temporal esquerda ou sofrer de imaturidade emocional – neste caso, um tratamento psicológico é absolutamente necessário, embora não seja fácil cuidar desse tipo de pessoa. Porque, quando contrariada pelo médico ou psicólogo, costuma desistir do próprio tratamento.

Sofro de uma leve depressão, que atrapalha meu dia a dia. Também tenho TOC (transtorno obsessivo compulsivo): lavo as mãos três vezes antes de me alimentar, não como nada que os outros me dão. Se alguém me beija, tenho que lavar o rosto. Ando com algumas manias ligadas ao medo de doenças, como a AIDS. É um medo irracional. Tenho parceiros mais ou menos fixos. Tomei um antidepressivo, a fluoxetina, e percebi que essa droga inibiu um pouco minha libido. Todos os medicamentos têm esse efeito? (José)

Antidepressivos mexem com a função sexual masculina. Esse é um fato indiscutível. No seu caso, a conduta ideal é associar algum tipo de medicação com psicoterapia, para que você possa enfrentar esses medos e parar de sofrer tanto. Existem outros remédios, mais antigos que a fluoxetina, como os tricíclicos, que são eficientes para TOC. São antidepressivos eficazes, que retardam a ejaculação, mas não costumam diminuir o desejo. Identifique, primeiro, se o desejo está diminuído por causa do medo de contrair o HIV ou se você está sofrendo efeitos colaterais do remédio. Ou a soma das duas coisas. Cabe tentar outro tipo de remédio que diminua a ansiedade e reduza a depressão. Que melhore os sintomas relacionados ao transtorno obsessivo e mexa o mínimo possível com a função sexual. Se o tricíclico não funcionar, é recomendável buscar outro medicamento, até que você consiga o máximo de resultado positivo com um mínimo de efeito colateral desagradável. Mas, já esclareço, que remédios eficazes para TOC e para uma depressão como a sua trazem algum prejuízo para a função sexual, como o retardo da ejaculação. A maior parte dos homens não costuma se queixar disso, porque acha que é uma grande conquista.

Tenho 37 anos e síndrome do pânico há catorze. Faço tratamento medicamentoso e já passei por psicoterapia, que não gostei, embora não tenha me entregado comple-

tamente. Algumas fobias, causadas pelo pânico, ainda são remanescentes. Não consigo dirigir, pegar ônibus ou metrô sozinho. Se houver alguém ao meu lado, vou a qualquer lugar. Tenho medo de passar mal e não ter ninguém para me socorrer. Gostaria de saber que tipo de terapia é mais indicado para o meu caso. Há alguma específica para fobia? (André)

O uso de medicação antidepressiva ajuda a diminuir o pânico. E todo medo só é curado quando a pessoa resolve enfrentá-lo. A atividade física é fundamental para ganhar confiança. Houve uma época em que eu sofria de fobia de avião. Meu medo não era que o avião caísse, mas que eu sofresse um infarto causado pelo pânico de voar. Resolvi, então, começar a fazer exercícios físicos, como a corrida, para ganhar autoconfiança. Percebi que meu coração não estava tão fraquinho a ponto de pifar. E decidi encarar a situação. Naquela época, não se tinha ainda muito conhecimento da ação dos antidepressivos para casos como o meu. Fiz uso de outros tipos de medicamento, como tranquilizantes, e fui passando mal, sofrendo o diabo a quatro, até me recuperar. As técnicas comportamentais, chamadas cognitivo-comportamentais, são sempre boas estratégias. O terapeuta monta uma escala de enfrentamento e você tem de ultrapassar a situação de pânico. Minha sugestão é: entre no carro e dirija ou pegue o metrô. Você não vai morrer. Vá em frente, porque é assim que se cura essa doença.

Tenho quarenta anos e passei a vida tomando remédios, porque, quando criança, bati a cabeça ao ser atropelado. Sou uma pessoa muito violenta, já agredi meus pais e todas as mulheres com quem me relacionei. Perdi todos os meus amigos e me envolvi com drogas. Hoje, moro sozinho. Deixei de gostar de mulheres e passei a me interessar por homens. O episódio da minha infância seria a explicação para meu comportamento? (Carlos)

É provável que, ao ter batido a cabeça, você tenha ficado com alterações de ritmo elétrico cerebral, que costumam ser as responsáveis por agressividade e violência, às vezes descontroladas. Toda essa agressividade pode ter complicado muito a sua vida e ter levado você a um estado muito solitário. Você deveria buscar ajuda com um neurologista, já que existem remédios que podem diminuir dramaticamente a agressividade, deixando você em condições favoráveis de manter uma vida social adequada. A impressão que tenho é de que o interesse por homens está relacionado ao fato de você achar que esse é o caminho mais fácil, porque, no universo homossexual, tudo corre mais rapidamente, as paqueras são menos intensas, a vida sexual é mais fugaz. O elemento erótico pode aparecer sem nenhum envolvimento sentimental maior. O fato de você estar interessado por homens parece ser uma solução prática e conveniente. E não vejo problema nenhum nisso. O problema é a sua agressividade, que precisa ser combatida.

Desde a época da faculdade, sentia que precisava de sessões de psicoterapia. Nunca procurei tratamento por falta de condições financeiras e por vergonha de falar sobre meus problemas. Estou deprimido e me automedico com antidepressivos. Sou muito tímido, meu círculo de convivência é restrito. Meus receios aumentaram depois de descobrir que meu irmão é esquizofrênico. Do jeito que as coisas estão caminhando, acho que, em breve, perderei meu emprego e talvez até meu casamento. Sinto-me um incompetente. Sou evangélico e venho questionando minha crença religiosa. Estou em uma situação ma qual quase não me reconheço. Como fazer para resolver meus conflitos? (Alexandre)

O fato de ter um irmão esquizofrênico não significa que o mesmo venha a acontecer com você. Mas automedicar-se é uma solução muito ruim, porque você não conhece os remédios e não sabe exatamente qual funciona para o seu caso. Ter vergonha de contar seus problemas para um terapeuta não combina com o nível de instrução – universitário – que você tem. Existem clínicas em que o tratamento é praticamente gratuito e onde você deveria buscar ajuda. Em vez de ficar cheio de vergonha, ter pudor, medicar-se sozinho e esperar que todas as coisas ruins aconteçam, sugiro que vá atrás de auxílio psicológico, algo que você vem relutando em fazer ao longo de todos esses anos. Provavelmente, vai gostar muito da experiência de abrir seu coração para alguém experiente e confiável.

Sou corretor de imóveis, sempre gostei da adrenalina de conseguir fechar um negócio. Agora, o trabalho que me dava prazer tem me deixado esgotado e deprimido. Quase sempre saio de casa com a certeza de que não vou vender nada. Fico angustiado e com medo de não conseguir sustentar minha família. Devo procurar um médico? (Tomás)

O desânimo e a depressão chegaram em má hora. Porque, hoje em dia, a situação para um corretor de imóveis não é realmente muito boa. O mercado em São Paulo está se estreitando. É pena que você tenha perdido o estímulo para ir atrás desse jogo de fechar negócios, já que ele é parecido com um jogo de sedução: amarrar as duas pontas, fazer com que o comprador e o vendedor achem um valor que seja adequado para ambos, que fiquem satisfeitos com o resultado. Não é um trabalho tão simples quanto pode parecer. E, se você sempre gostou disso, tem toda a razão, pois é um trabalho instigante, que exige habilidade, inclusive psicológica, bastante requintada. Em épocas de crise financeira, a responsabilidade do homem se torna muito mais penosa, mesmo quando ele e a mulher trabalham, porque se pressupõe que o sustento principal tenha de vir dele. Provavelmente, você está sofrendo de um quadro depressivo, pois não há nenhuma razão para ter ficado esgotado. E, se não for atrás de uma boa conduta médica, vai acabar se prejudicando muito no trabalho. Vale procurar ajuda psicológica também.

Estou em tratamento psiquiátrico desde 2006, porque tenho um quadro compatível com esquizofrenia. Sofria delírios de perseguição, ouvia vozes. Elas diziam que a culpa de tudo o que acontecia com a minha família era minha. Sentia policiais colocando a mão em mim, achava que meu telefone e meu computador estavam sendo monitorados. Fazia uso de remédios voltados para esse quadro. Cheguei a pedir demissão dos empregos por achar que as pessoas estavam conspirando contra mim. Tentei o suicídio. Depois de um ano e três meses de tratamento, os sintomas desapareceram. E deram lugar a um vazio, ou à apatia, ao desânimo, à tristeza. Só tenho vontade de ficar na cama, dormindo, e gostaria que Deus me levasse deste mundo. Sofro de depressão severa. Tomo antidepressivos. O que faço para voltar a lutar por meus objetivos, para ser aquela pessoa que eu era antes? Desde os quinze anos, sonhei que ia estudar, fazer faculdade, morar sozinha. No decorrer da vida, conquistei todas essas coisas. Hoje, tenho meu apartamento, sempre trabalhei em multinacionais, fiz cursos de idiomas no exterior, cursei pós-graduação. Agora, não tenho mais vontade de nada. (Elaine)

Você precisa ter um pouquinho de paciência e compreender que todos esses quadros fazem parte de um problema de ordem química. Não tem a ver com sua história de vida, nem com sua estrutura, mas com um infortúnio biológico. Você é uma pessoa com predisposição orgânica à esquizofrenia – doença caracterizada por delírios, alucinações auditivas e um quadro bem típico que se chama paranoide (isto é, persecutório) –, seguida de depressão. Você precisa trabalhar junto com seu médico para superar esses problemas, porque é provável que você possa voltar a ser aquela pessoa com determinação e garra que luta por seus objetivos. Sua doença deve ser vista como um dramático acidente de percurso.

Desde 2005, sofro de um quadro de depressão. Perdi meu irmão, que era esquizofrênico. Durante uma das altas, minha casa pegou fogo e ele morreu asfixiado. Isso me abalou bastante. Casei muito nova, com dezenove anos, tive dois abortos espontâneos, uma gravidez tubária, problemas de relacionamento. Tomei a decisão de me separar. O emprego era a minha motivação. Em 2006, perdi minha mãe. Depois de três meses da morte dela, descobri que meu namorado, com quem me relacionava já há um ano, usava drogas. Foi uma decepção muito grande. Acabei rompendo esse relacionamento. A depressão ficou cada dia mais forte. Já tomei fluoxetina, parei, voltei a tomar em doses mais elevadas. Mudei de médico mais de uma vez. Passei a tomar sertralina três vezes ao dia. Já estive bem melhor. Voltei a trabalhar, me sentia motivada na empresa. Mas tive problemas com a chefia. Mudei de área, porque queria melhorar o trabalho que faço, mas essa vontade de mudar não pegou muito bem na empresa, e acabei regredindo no tratamento. (Eliana)

Quando acontecem fatos concretos, essas oscilações de humor são comuns. Como você está muito fragilizada, deveria insistir na medicação e tentar um tratamento psicológico, a fim de ficar um pouco mais forte para aguentar as adversidades da vida. Porque elas vão continuar a existir. Sempre.

Minha mãe, que morreu aos 85 anos, sofria de mal de Parkinson e era bipolar. Toda a minha família tem algum transtorno mental. Estou com 63 anos. Gostaria de saber se corro o risco de vir a ter alguma doença desse tipo. (Beatriz)

Não obrigatoriamente. Quando se fala em doença familiar, significa predisposição a certos males, mas não são todos os integrantes da família que vêm a sofrer deles. Você tem muita lucidez sobre esses problemas, tendo em vista o que aconteceu com a sua mãe, e saberá detectar se não estiver bem psiquicamente. Em caso de depressão, por exemplo, os sintomas são facilmente identificáveis: você acorda tristíssima sem nenhum motivo aparente, vê tudo como se estivesse vestindo óculos negros, sofre de um pessimismo danado, tem choro fácil e imotivado, apresenta alterações de apetite e sono. No mal de Parkinson, há um tremor evidente, uma dificuldade grande para certas atividades com as mãos. Se até os 63 anos você não teve nenhuma grande manifestação de bipolaridade, pode ser que você sofra no futuro de alguma doença ligada somente à questão senil, mas não acredito que a predisposição familiar tenha chegado até você.

Gostaria de saber se transtorno bipolar tem cura. Estou com 45 anos e a doença se manifestou aos 38. Fiquei internado durante um mês no Hospital das Clínicas (SP) por causa de depressão. Fiquei de cama e não me levantava mais. Tomei remédio e passei por psicólogo e psiquiatra. Já tive períodos em que me sentia muito eufórico e outras fases em que era normal – embora essas durassem pouco. Quando acho que estou bem, sinto pânico. (Juarez)

O distúrbio bipolar é uma falha na química cerebral. São alterações no metabolismo de uma substância neurotransmissora chamada serotonina. Em algumas pessoas, a quantidade dela é meio irregular. Às vezes, a concentração é grande demais; outras vezes, baixa demais. Quando está alta, o indivíduo se torna eufórico; quando está baixa, deprimido. Essa regulagem não é automática. A pessoa precisa tomar algum tipo de medicação estabilizadora do humor por um longo período para que a concentração de serotonina possa se manter estável. Não há cura. Mas é possível viver, trabalhar, namorar, ter vida familiar. É um problema como o diabetes, que pode ser administrado. Em geral, as pessoas respondem bem aos remédios.

Sinto muito desconforto ao viajar. Tenho medo de passar mal e vomitar durante o trajeto. A fobia ligada à viagem começou a piorar quando estava com 23 anos – agora tenho 36. Perdi muitas viagens profissionais por causa do medo. Por volta dos trinta, estava tão mal que os sintomas passaram a ocupar 24 horas do meu dia. Entrei em depressão e fiquei dois anos afastado do trabalho. Hoje, faço terapia, tomo remédios e me sinto melhor. Com a terapia, consegui resolver muitos problemas que nem imaginava ter. Mas o principal não foi resolvido. Não viajo há seis ou sete anos. Como tratar dessa fobia mais objetivamente? Devo conversar com minha terapeuta para que o tratamento seja mais focado nessa questão? (Carlos)

Na medida em que você tem bons resultados em muitos aspectos de sua vida pessoal, significa que a terapia tem sido eficaz. Seu medo acabou se generalizando para as questões sociais e para as viagens, mas sempre voltado ao medo de vomitar. Como não conseguiu circunscrever isso, você está cada vez mais impedido de viajar ou de sair dos limites de seu município. Isso merece um tratamento mais focado, dirigido especificamente para enfrentar essas situações com sucesso, apesar do sofrimento. Porque é difícil imaginar que você vai conseguir viajar sem ansiedade e sem tensão. Você precisa estabelecer uma estratégia progressiva e gradual, ir cada vez mais longe. São estratégias comportamentais que, às vezes, passam por relaxamento muscular profundo ou pedem o uso de medicação antidepressiva. Antidepressivos funcionam como calmantes para o medo e podem ser muito eficientes na resolução de quadros fóbicos.

Namoro há sete meses um rapaz que tem mania de mentir. Certa vez, a tia dele bateu o carro quando voltava do trabalho e, no dia seguinte, ele me ligou para dizer que teve de sair à noite para socorrê-la, que chegou em casa por volta das cinco da manhã porque houve necessidade de fazer perícia, já que alguém no outro carro havia se ferido. Fui tirar a história a limpo com a mãe e a tia dele e descobri que era tudo mentira, que ele não havia ajudado a resolver nada. Quando fui questioná-lo, e ele continuou insistindo na história. Depois de muita confusão, confessou o óbvio: disse que fez aquilo porque queria se sentir útil, que ninguém nunca dava valor a ele. Continuamos juntos, mas meu sentimento já não é mais o mesmo. Não confio nele, fico impressionada com o "teatro", a frieza, a manipulação. Mentir pode ser uma patologia? Tem cura? (Mônica)

É preciso tomar cuidado com temas que estão na fronteira da psicologia e da moral. É possível avaliar o problema não só pelo lado da doença mas também do distúrbio de caráter. Se fosse realmente uma doença, a mentira deveria, por vezes, prejudicar o mentiroso, e nunca é assim. O mentiroso sempre se sai bem das situações. O indivíduo mente para escapar de uma situação inadequada, mente, como nesse caso, para se vangloriar de feitos que não fez. Em minha opinião, é uma falha de caráter, e falha de caráter é um problema de personalidade, que é chamado hoje, em psiquiatria, de "distúrbio de personalidade". Não acho que tenha cura fácil. Seu namorado, provavelmente, agirá dessa forma sempre, porque é um manipulador e tem um senso de oportunismo bastante perigoso.

Ansiedade é doença? Como ajudar pessoas que falam sem parar, que não nos escutam? Há ferramentas para alguém aumentar o autocontrole? (Cláudia)

Existem pessoas que falam tão rápida e compulsivamente que não sobra tempo para ouvir. Talvez achem que, porque falam tanto, dizem coisas muito sábias. Mas o pensar rápido não garante inteligência. Então, é preciso que reflitam sobre a questão da interatividade. Falar muito significa que o outro não tem a menor chance de contar nada. Quer dizer também que o falante, difícil de ser interrompido em seu discurso, não quer saber se o outro está com vontade de ouvir. É uma relação unilateral. O ansioso tem que dar espaço para que o outro possa participar do filme. Não percebe o quanto está sendo inconveniente e desagradável e o quanto está perdendo ao não interagir com os demais indivíduos. Porque ouvir é uma forma extraordinária de crescer. Quem não troca não muda seu discurso. Não progride. Quem não ouve não aprende. A receita é aprender a ficar quieto. Às vezes até com o uso, temporário, de medicação. Um tranquilizante pode levar o indivíduo a se tornar um pouco mais sereno.

O tratamento para depressão é necessariamente longo? Estou deprimido desde a morte de minha mãe, há três meses. Já tive outras duas crises depressivas – uma aos dezenove anos, outra aos 43. Tomei medicação e melhorei significativamente, mas parei por conta própria. Passei um longo período sem remédio e agora estou novamente deprimido. (Sérgio)

Você está deprimido por uma razão mais do que justa, a perda de sua mãe. Os médicos costumam recomendar antidepressivos de um a três anos. Essa é a norma. Acredito que o período de uso para uma situação como essa que você está vivendo pode ser mais modesta.

Como compulsivamente. Não consigo me controlar. Sou como aqueles fumantes que não param de fumar. Era muito magra e, por volta dos 25 anos, comecei a engordar – mais de quarenta quilos. Tenho 1,80 m e peso 114 kg. Estou com 39 anos e já tive depressão. Tomei antidepressivo, mas não adiantou absolutamente nada – o remédio me dava dor de cabeça. O que faço? (Márcia)

Não basta entender o mecanismo desse transtorno: é preciso tentar se livrar de maus hábitos que vão se formando. Às vezes, antidepressivos ajudam a engordar, e a própria doença tende a provocar mudanças no apetite. Depressões mais leves costumam aumentar o apetite e dar a impressão de que há um buraco na boca do estômago. Assim, a pessoa tem a sensação permanente de fome. E a saída é comer, comer, comer. O problema não é alimentar, mas o desamparo, a incompletude. Comida não é remédio. Tire proveito da comida, sinta o gosto de cada alimento na boca, coma com prazer. A ansiedade precisa ser tratada. Você precisa de algum tipo de ajuda psicológica.

Minha filha tem compulsão por compras. Apesar do bom salário, vive endividada. O noivo dela sofre desse mesmo problema, em um nível talvez até mais alto. Como posso ajudar minha filha? (Pedro)

É difícil para um pai conseguir interferir. Hoje, a sociedade pressiona terrivelmente na direção do consumo e nem todas as pessoas ganham o suficiente para ter tudo o que gostariam. É tamanho o volume de coisas que surgem a cada dia – celulares novos, MP3, equipamentos eletroeletrônicos, automóveis – que qualquer pessoa que não for comedida, mesmo tendo um bom salário, pode perfeitamente viver endividada. Somente quem for disciplinado e firme consegue não cometer esse tipo de desatino. É quase um vício, que exige tratamento psicológico. Difícil ajudar por qualquer outro caminho.

Minha irmã perdeu um filho de 22 anos há dois meses e não está conseguindo lidar com essa situação. Desde o dia da morte dele, ela ingere apenas líquidos, não come nada sólido. A intenção dela é ficar desnutrida para partir desta vida o mais breve possível. Chora o dia inteiro e culpa Deus pela morte do filho. Isolou-se do mundo e não aceita nenhum tipo de ajuda, seja psiquiátrica ou psicológica. Quando comentamos que precisa de apoio de um profissional, ela fez a seguinte pergunta: "Ele vai devolver o meu filho?". Somos uma família muito unida e não estamos sabendo o que fazer. (Sílvia)

Não há dor maior do que a perda de um filho, especialmente de um jovem. O quadro depressivo talvez não possa ser resolvido somente com remédios – depende um pouquinho também de maturidade emocional, de como sua irmã se colocava diante da vida antes desse acontecimento. Ela acabou se transformando em uma pessoa muito revoltada, até contra a figura de Deus, o que não ajuda em nada o processo de recuperação. Ninguém pode pensar que Deus existe e é bom enquanto faz as coisas acontecerem do jeito que gostaríamos. Quando acontece uma tragédia igual a essa, a pessoa "demite" Deus, porque Ele fez algo inaceitável. É preciso ter consciência de que coisas muito ruins acontecem a qualquer um de nós. Ninguém está imune a esse tipo de sofrimento. Mas, digo sempre, o sofrimento tem de ser o menor possível. E é justamente a atitude oposta que sua irmã adotou, já que ela "quer" continuar sofrendo, porque, aparentemente, por meio da dor, confirma a presença do filho. Se parasse de sofrer, ela pensa, é como se estivesse se afastando do garoto, estivesse aceitando esse fato inaceitável. Cada um de nós precisa aprender a aguentar os fatos impactantes da vida. Ser tolerantes à dor. Caso contrário, dificilmente conseguiríamos viver. Quem sabe, daqui a pouco sua irmã aceita uma medicação, algo que possa amainar um pouquinho o sofrimento.

A mulher de um amigo tem transtorno bipolar. Atualmente, está na fase de mania. Qual a atitude que ele deve adotar? Ouvir e não falar nada, contradizer ou argumentar? Por que algumas das pessoas de convivência íntima são os alvos preferidos, como o marido e um dos filhos, e outras são poupadas das agressões, como a empregada doméstica e as amigas, que nem percebem que ela está doente? Essa pessoa vem se tratando com psiquiatra, usa medicação e está, nesse quadro atual, talvez há seis meses. (João Carlos)

Na fase de mania, a pessoa pode gastar dinheiro mais do que deveria, às vezes é um pouco mais exuberante na maneira de se vestir e de falar, tem humor exaltado e comportamentos que podem ser inadequados socialmente. Pode ser que a medicação tivesse que ser administrada de modo mais intenso, porque, na dose correta, é possível manter o doente em equilíbrio. Mas não me parece um quadro de mania exagerado, já que, nesse último caso, a pessoa não dorme, fica muito tempo arrumando coisas, fala bastante, não consegue completar as frases porque vem rapidamente outro pensamento. A medicação, em geral, consegue "amansar" no fim de poucas semanas. Talvez fosse o caso de aumentar um pouco a dose dos remédios, pois o tempo de crise está muito prolongado.

Tenho manias. Algumas delas, associo ao azar. Dou um exemplo: não saio de casa sem deixar a toalha retinha no varal. Caso contrário, acho que vou bater o carro. As chaves sempre têm que ficar na porta verticalmente, nunca deixo latas de cabeça para baixo. Tenho medo de que essas manias se tornem transtorno obsessivo compulsivo. Hoje, até consigo me controlar. São normais essas manias? (Rosário)

Normais propriamente, não são, mas quase todo mundo tem algum tipo de pensamento supersticioso de que, se fizer determinados rituais, irá se proteger contra riscos. Esse tipo de reflexão pode desembocar, sim, em um processo mais complexo, porque as manias vão se ampliando. Os rituais, ainda que sirvam quase como amuletos para se livrar de tragédias ou de coisas negativas, estão na raiz do pensamento obsessivo. Você precisa de tratamento psicológico para poder parar com isso.

Tenho catorze anos e passei por um momento difícil no ano passado: acabei recorrendo a um tratamento psiquiátrico. Sofria de transtorno obsessivo compulsivo. Fiz uso de medicação – sertralina e resperidona –, que teve efeito benéfico em mim. Mas as pessoas têm certo receio de tomar esse tipo de remédio. Perguntam se continuarão sendo autênticas. Queria saber se é verdade que os remédios mexem com as reações – algumas até prevalecem, mesmo com terapia cognitivo-comportamental, que ajuda a moldar a pessoa, a faz evoluir. (Fernanda)

Existe uma visão preconceituosa e equivocada acerca de tratamentos psicológicos. Sempre defendi que todos os recursos terapêuticos têm alguma eficácia e devem ser usados com a finalidade de ajudar as pessoas a melhorar. Alguns colegas são a favor de remédios, outros de psicanálise, outros ainda de terapias comportamentais. A terapia cognitivo-comportamental é uma variante aprimorada de técnicas mais antigas, e eu sempre trabalhei mesclando métodos. Nunca achei que tivesse que tomar partido e estou contente de saber que você está sendo tratada de forma correta. Nenhum bom terapeuta trabalha com uma técnica muito fechada, e é assim mesmo que se faz. O que interessa é o benefício da pessoa, o crescimento individual.

DESENCONTROS NA RELAÇÃO A DOIS

É surpreendente que este seja o tema que mais tem atormentado as pessoas. Ao menos superficialmente, não deveria ser tão difícil que indivíduos amadurecidos e de bom senso viessem a conviver sem grandes atritos, sem ter que vivenciar as chamadas "brigas normais" de casais. Seria de se supor também que o convívio pudesse tornar convergentes os pontos de vista dos que estão juntos ao longo dos anos. Qual o quê! O que acontece é que as diferenças se agravam com o passar do tempo, os ressentimentos crescem e a tendência é que ocorram separações, ainda que depois de um tempo relativamente curto de convívio.

É enorme o número de pessoas, especialmente mulheres, envolvidas com parceiros comprometidos.

Estes juram que irão se desvencilhar dos compromissos anteriores e acabam dando para trás. A insistência e a ingenuidade das mulheres em relação a esses parceiros faz supor que elas querem é sonhar com a felicidade sentimental, mas não querem que ela aconteça na realidade. O amor costuma estar em forte antagonismo com os anseios de liberdade, de modo que a maior parte dos desencontros parecem não ser tão inexplicáveis: estão a serviço da preservação da individualidade.

A felicidade sentimental provoca ainda um enorme medo de alguma futura tragédia. Parece que, um dia, estivemos em harmonia no útero materno – nosso primeiro registro cerebral. O segundo registro corres-

ponde à dramática ruptura desse equilíbrio, que acontece ao nascermos. Então, parece que, sempre que chegamos perto de uma nova condição de equilíbrio (e o encaixe amoroso provoca essa sensação), tememos uma nova ruptura, agora associada à nossa morte – ou à morte de alguém querido. Fugimos da felicidade sentimental para nos protegermos da tragédia que tememos que ela atraia. Tudo errado: felicidade não mata!

*

Paquero há um ano. Durante esse período, não aconteceu nada entre nós, somente beijinhos. Ele é uma pessoa tímida, eu também não sou do tipo que "ataca". Por ele ser meu cliente, estamos tomando certos cuidados. Mas percebe-

mos, pelos olhares, que há uma relação. Nem um nem outro toca no assunto. Ele é solteiro, não tem compromisso com ninguém, mas viaja muito. Como conquistá-lo? (Mariana)

Em situações como essa, é melhor tentar agir de maneira mais explícita, deixando claro verbalmente seu interesse por ele, em vez de partir para qualquer tipo de proximidade física. Se você esperar que a iniciativa seja dele, talvez vá demorar tempo demais. Todos os indicadores mostram que ele não toma esse tipo de atitude. Você precisa ser objetiva e, ao mesmo tempo, discreta, para deixá-lo bem à vontade, de modo que não se sinta pressionado. Até porque a relação profissional precisa ser preservada, caso ele não tenha disposição para a intimidade ou esteja relutante. Você não sabe ao certo se ele tem vontade de se comprometer. Vá com calma, mas vá.

Tive um relacionamento muito bom durante um ano. Um dia, meu namorado disse que tinha necessidade de ficar sozinho e que gostaria de terminar. Senti sinceridade quando ele disse que estava só e que o problema não era eu. Existem pessoas que, às vezes, acabam abrindo mão de uma relação por medo de serem felizes. Será que foi o que aconteceu? (Kátia)

Não é impossível. A vontade de ficar sozinho era maior do que manter uma relação de boa qualidade.

Às vezes, não é só o medo da felicidade – é o medo de perder a individualidade quando se está diante de alguém que encanta muito. Tem quem decida ser dono de seu próprio destino e queira também manter uma vida um pouco mais descontraída, mas, de repente, vê-se envolvido em uma história amorosa por força até das virtudes da namorada. Essa pessoa pode ter tendência a se envolver mais do que gostaria e ficar com vontade de casar, de se comprometer para valer, justamente em um momento em que não estava preparada, que a vida pedia um pouco mais de autonomia e liberdade. Para preservar isso, há quem fique dando marcha a ré. Se você não sofrer de ansiedade, se for serena, e se essa for verdadeiramente a razão, não é impossível que seu ex-namorado, dentro de semanas ou meses, reverta a situação e volte. Você tem de compreender que o que ele fala corresponde efetivamente à verdade e que, se essa for mesmo a vontade dele, nada mais resta senão respeitá-la.

Tenho 36 anos, sou casada há um com um homem de 37 e penso em ter filhos. Quando toco no assunto, meu marido sempre adia esse plano. Ele é dono de empresa e diz que, por causa da crise, não sabe se os negócios vão continuar indo bem e que, por isso, deveríamos esperar um período de estabilidade. Já estou em uma idade que não posso esperar muito. O que faço?

Idade *versus* maternidade é um tema cada vez mais recorrente na vida das mulheres. Ou por causa do marido, ou pelas circunstâncias, ou pelo fato de não ser casada, a mulher é obrigada a adiar o projeto de ter um filho. Seu parceiro não está de todo sem razão, porque os tempos não estão fáceis e, para o homem, a questão da responsabilidade financeira conta muito. Ele fica muito aflito com a ideia de ter filhos e depois não ter condições de arcar com o sustento digno da criança. Entendo o seu ponto de vista, porque, aos 36 anos, você sente que mais tarde pode ter dificuldade de engravidar. Talvez você devesse deixar tudo isso caminhar mais livremente, pois não é o caso de perder uma relação de boa qualidade por causa dessa insistência. Se passar o momento, existe a alternativa de adotar, uma opção absolutamente legítima para a maternidade e tão gratificante quanto a de ter um filho gerado no próprio útero.

Tenho 47 anos, sou viúva há quatro. Tive um relacionamento que durou dois meses. Tudo aconteceu muito rapidamente. Conheci os filhos dele, frequentava a casa, ia ao mercado. Acabei me apaixonando. E, de repente, terminou tão rápido quanto começou. Até hoje, busco uma explicação, mas não consigo achá-la. Ele disse que não se apegou a mim. De vez em quando, conversamos por telefone ou, quando vou trabalhar, pego uma carona com ele. Estou entrando em depressão. (Vanda)

Talvez ele não esteja com a mesma disposição que você para se comprometer, mesmo sendo viúvo. Ele pode estar em um momento de vida e com projetos pessoais diferentes dos seus. Você precisaria ser tolerante para aceitar o fato de que nem sempre quando se quer um relacionamento, ele vai se transformar em realidade. Seu namorado pode não ter achado tanta graça em você quanto você achou nele ou não estar disponível para um envolvimento mais intenso. A impressão é que ele vinha aprofundando a relação, deixando a coisa andar, aproximando filhos, e, de repente, a disposição para um compromisso mais sério não era tão forte quanto o seu. Por mais triste que seja, você tem que aceitar, porque, afinal, quando um não quer, dois não brigam. E não namoram. Cabe a você se afastar o mais radicalmente possível. Não alimentar nenhum tipo de esperança, nem ilusão. E ir atrás de um caminho novo, que seja mais interessante para você. Essa insistência que as pessoas têm em relação ao sentimento amoroso, de achar que porque amam devem lutar para fazer valer esse sentimento, não é válida. Se não há contrapartida, é preciso abdicar desse amor o mais rapidamente possível, para que o sofrimento seja menor.

Namoro há dois anos e moro junto há um. Sempre houve discussões, porque ambos são teimosos. Quando batemos de frente, minha namorada usa ataques pessoais, mencio-

na coisas que não têm nada a ver com o problema discutido e se faz de vítima para não aceitar que está errada. Ultimamente, ela me culpa por tudo o que acontece. Eu a amo e a ajudei a superar alguns complexos que tinha. Agora, as coisas estão cada vez piores. Todos os dias há uma discussão nova sobre questões banais. Estou tentando relevar o que ela diz e ficar quieto para não criar problemas, mas não aguento mais essa situação. O que fazer? (Tiago)

A minha posição é rigorosamente oposta à sua. Acho que não há nada mais errado do que você ficar quieto e tentar relevar. Quanto mais você fizer isso, mais ela vai ficar irritada, mais vai criar problemas e dificuldades. Ela sente que você a ama, que você tem boa disposição para ajudá-la a superar os complexos, e parece que isso não está fazendo bem. Que tal imaginar o inverso? Essa atitude de tentar contribuir para que ela progrida está causando uma sensação de hostilidade contra você, provocando sentimentos negativos nela. Quando tentamos ajudar alguém, às vezes causamos inveja, desconforto, humilhação, em vez de produzir gratidão. A política adequada, então, é exatamente a oposta: não tolerar atitudes indevidas, não se preocupar com a questão da baixa autoestima como sendo um problema que você tenha que resolver. Ela é quem deve encontrar soluções para as angústias. E ficar mais consciente de que você pode acabar se separando dela. Nesse momento, você deveria fazer exatamente o movimento na direção contrária: avisar que não vai mais ajudá-la. Se você continuar sendo generoso e ela cada vez mais egoísta, irritadiça e agressiva, o relacionamento vai acabar terminando, e mal. Então, sugiro que você pare de fazer rapidamente o que vem fazendo. O resultado é a coisa mais importante nas ações e, se o resultado está sendo negativo, deve-se mudar o comportamento.

Faz alguns meses, talvez dois, que meu marido ficou muito diferente, estava distante. Insistia em saber o que estava acontecendo e, às vezes, perguntava se ele ainda me amava. Ele respondia que sim. Poucas semanas atrás, durante uma conversa, ele confessou ter se envolvido com outra mulher. Na hora explodi, fiquei péssima, pedi que fosse embora de casa. No outro dia, não sabia que atitude tomar. Mais calma, pensei no meu filho de quatro anos, fiquei com medo de educá-lo sozinha e achei que devíamos tentar manter nossa família acima de tudo. Falei para meu marido que o perdoava. Ele ficou surpreso, mas disse que precisávamos, pelo nosso filho, tentar reconstruir nossa família. Gosto do meu marido, quero envelhecer com ele. Ele está em casa e eu tenho feito de tudo para melhorar, mas ele falou que não me ama mais. (Jô)

A palavra certa talvez não seja perdoar. Porque parece que você é superior e que ele cometeu um grande crime. Se você tivesse sido ótima o tempo todo, e ele a tivesse traído, realmente seria o caso de pensar na palavra perdão, que é muito forte. Agora, você precisa ter paciência, porque, por ter se envolvido com outra pessoa, seu marido não está totalmente voltado para você. Vai ser um trabalho de reconstrução. E esse trabalho demora. Obviamente, há certa divisão dentro da alma dele, que vai levar tempo para ser revertida. Você não deve ficar nessa posição de quem foi traída, abandonada, vítima de um agressor. Deveria aproveitar a oportunidade para progredir emocionalmente.

Tenho 34 anos e namoro há nove um rapaz mais novo do que eu. Os pais dele brigam muito, já houve traições, e a mãe do meu namorado chegou a ser agredida fisicamente, porque saiu com outro homem. Meu namorado é uma pessoa doce e sofre com essa situação. Às vezes, é agressivo comigo e não sabe conter as palavras. (Andréa)

Você quer saber se existe alguma ligação entre o comportamento de seu namorado com a história familiar que ele vive. Sempre tem. Todos nós somos muito sensíveis e dependentes daquilo que vivemos dentro de casa. Às vezes, o que vimos nos leva justamente na direção oposta. Quer dizer, não queremos para nós um clima de tensão, de briga, ou um parceiro (uma companheira) não confiável. É provável que seu namorado busque em você uma pessoa equilibrada, bem-humorada, bastante diferente da figura materna. Com isso, ele pretende criar uma atmosfera de carinho, de ternura e de doçura que não tem em casa. Periodicamente, porém, pode sofrer algum tipo de estresse, ficar irritado, e ter até mesmo uma reação mais agressiva, já que cresceu em um ambiente em que essas atitudes são aceitas. Você deveria ser mais firme quando esses momentos acontecerem e ser categórica em dizer que não gostaria de viver essas experiências de violência. Pode também chamar a atenção para o fato de que ele não deve reproduzir os padrões de comportamento que aprendeu dentro de casa. Na realidade, o que se busca na vida conjugal é concórdia, harmonia, companheirismo, lealdade, tranquilidade. Amor é paz, é ter harmonia do lado da pessoa que a gente escolheu para conviver.

O medo de ser feliz pode impedir uma pessoa de se envolver com alguém com quem teria chance de manter um relacionamento de qualidade? É possível superar esse medo? (Isadora)

O medo funciona como um freio que impede a pessoa de chegar à felicidade. Não se manifesta só quando já se é feliz. Às vezes, o indivíduo se vê assustadíssimo diante de uma iminência de felicidade que não era esperada. Por exemplo: o sujeito recebe uma notícia muito auspiciosa de trabalho num momento em que não tinha a menor expectativa. Então, ele leva um susto positivo. Nas questões amorosas, o indivíduo, antes de estabelecer uma relação definitiva e estável com quem combina bem, começa a inventar problemas ou a identificar dificuldades, justamente por pressentir a tal felicidade. E sente um medo enorme, como se as coisas boas atraíssem tragédias. Essa sensação existe em todos nós e está na raiz do pensamento supersticioso, que nos faz bater na madeira ou fazer figa diante de uma situação muito boa. Agora, o medo da felicidade tem que ser enfrentado como qualquer medo irracional ou ilógico – medos que não se justificam, sem base na realidade, que não constituem risco verdadeiro. A solução é enfrentar o medo, ou seja, ir subindo degrau por degrau, não deixando de ir adiante. Se você se sentir superameaçada por causa da felicidade sentimental, mas ficar com aquela pessoa que provoca felicidade, o medo vai se atenuando. Conforme você avança, o medo vai se transformando em algo sobre o qual se pode ter domínio. O medo irracional foi feito para ser enfrentado, e não para ser respeitado.

Fui casada durante 24 anos e sonhava terminar minha vida ao lado de meu marido, mas, há três anos, ele se apaixonou por uma funcionária e me deixou. Sofri muito nos dois anos seguintes, mas agora estou bem. Será que daqui a dez ou vinte anos ainda estarei assim? Continuarei interessada

pelas coisas de que gosto, mesmo mantendo o hábito de não sair de casa e sem me importar em conhecer novas pessoas? (Neide)

É possível que uma pessoa aprenda, depois de uma experiência traumática, a se entreter e a se divertir bem com ela mesma. Agora, ter medo de conhecer novas pessoas é resquício do sofrimento anterior, porque a ferida não está bem cicatrizada. Você pode passar a vida sem nenhum outro grande envolvimento sério, mas não deveria deixar fechada a porta para que isso aconteça. O fato de você sentir-se bem em casa é uma grande sorte, pois muitas pessoas ficam tão desesperadas sozinhas que saem

atrás de qualquer parceria e acabam errando muito, magoando-se ainda mais. Fazem escolhas inadequadas e sofrem mais do que aquelas que aprenderam a gostar de estar em casa com seus livros, seus filmes, seu computador. Então, acho que você está em uma situação muito confortável.

Enfrento um dilema: conheço um rapaz pelo qual sinto forte atração, mas ele está prestes a ficar noivo. Eu o admiro muito por sua segurança e virilidade e fico paralisada sempre que o encontro. Ele já me disse que não há nenhuma possibilidade de nos relacionarmos. Por outro lado, tenho um amigo que já demonstrou interesse por mim, que diz me amar muito, mas não me sinto tão atraída por ele. O que fazer?

Continuo presa a uma paixão platônica que pode nunca se realizar ou me deixo envolver por um homem que não admiro tanto, mas que realmente deseja estar comigo? (Miriam)

Com esse rapaz que está prestes a ficar noivo, você não tem, se formos dar crédito à palavra dele, chance nenhuma. Esse é um amor impossível, enquanto o outro é um amor mais do que possível. E parece que, sempre que é muito possível, todo mundo tende a achar um pouco menos graça. Mas, com o passar dos meses de convívio com esse que diz amá-la e que declara que a quer exatamente como você é, há uma possibilidade real de compromisso. Se ele demonstrar ser um parceiro amoroso, de repertório interessante, você pode se encantar por ele. Se, ao contrário, a graça for diminuindo no decorrer dos meses, você pode dar um fim a essa relação, mas, pelo menos, teve uma vivência real, rica, gratificante. Porque a vida é para ser vivida na realidade, e não em fantasia.

Reencontrei um rapaz que estudou comigo na época da faculdade, dez anos atrás. Nunca tivemos oportunidade de nos conhecer. Agora, trocamos telefones e eu até já mandei algumas mensagens para ele, mas nunca tive retorno. Resolvi insistir, e uma vez conversamos horas ao telefone, porém depois ele voltou a se retrair. Sempre diz que não tem tempo para conversar. É bonito e interessante, no entanto parece complexado. Não terminou a faculdade, tem

um emprego medíocre, passou por dois relacionamentos, ambos fracassados. Estou bem profissionalmente, apesar de não falar sobre isso com ele, porque temo que fique ainda mais arredio. Sinto-me rejeitada. Ele reconhece minhas qualidades, mas talvez não me deseje. Devo insistir nesse relacionamento? (Ana)

Insistir quando não existe reciprocidade é uma atitude invasiva, quase agressiva, desrespeitosa. Por força do complexo de inferioridade, talvez de alguma dificuldade sexual, pelo fato de ter algum tipo de sentimento por outra mulher, que está ocupando espaço na cabeça dele, por querer ficar sozinho ou por não achar graça suficiente em você, ele resolveu não dar continuidade à relação. Você não pode querer que as coisas caminhem na direção que gostaria só porque o rapaz é bonito e interessante. Ele precisaria ter interesse em você. Interesse esse que tende a estar inibido em função das diferenças profissionais e econômicas. Tenha humildade de reconhecer que nem tudo acontece exatamente como gostaríamos, humildade de aceitar que as coisas podem caminhar de acordo com a vontade do outro. Quando não há coincidência de propósitos e projetos, é preciso ter a dignidade de cair fora.

Tenho 25 anos, sou mãe de um garoto de três e estou separada. Recentemente, conheci um rapaz de 22 que quer ter

um relacionamento sério comigo. Gostaria de me envolver, mas tenho tanto medo que não me permito acreditar nas palavras dele. O que faço? (Veridiana)

Medo de se relacionar novamente tem a ver com a experiência anterior fracassada. Mas pode significar também dúvida pelo fato de o moço ser ainda muito jovem e você não ter certeza da solidez dos projetos dele. Em geral, quando um moço é sério, maduro e responsável, ele já é assim aos 22 anos. Quando não, é mais moleque e brincalhão, provavelmente vai ser moleque também aos 28 ou trinta. Se ele der sinais de que pretende manter uma relação séria, você pode confiar nele. Basta perder o medo. E ter em mente que esse menino de três anos faz sua relação ser mais difícil, porque, aos 22 anos, é pouco provável que seu pretendente esteja profissionalmente bem resolvido. Dificuldades podem existir, mas não devem ser um impedimento para que vocês fiquem juntos e se arrisquem para valer. Saiba que certificado de garantia não existe. Se você cair do cavalo, já conhece o tamanho do tombo. E não vai morrer por isso. Todos nós saímos mais fortes de experiências negativas e temos de partir para outra. Ou outras.

Sou divorciado, tenho 28 anos e namoro há três. Nosso relacionamento é muito bom, temos planos de morar juntos. Mas há alguns pontos que colocam em risco essa relação:

sou dependente de maconha, fumo quase diariamente, e esse hábito gera algumas discordâncias entre nós. Ela quer ter filhos e eu resisto a essa ideia. Não pretendo mudar meus hábitos nem minhas opiniões. Estou sendo egoísta? Há um meio-termo para essas divergências?

Não há egoísmo nenhum em você se comportar de acordo com suas convicções, seus gostos, seus interesses. Sobre a questão de ter ou não filhos, cada pessoa pode sustentar um ponto de vista diferente, mas, evidentemente, esse é um dos aspectos mais relevantes quando se pensa em casamento. Sua namorada quer ter filhos, você não quer, e essa disparidade de opiniões pode se transformar em um obstáculo intransponível, um impedimento, porque não se trata de uma coisinha qualquer. Para quem mantém o sonho de ter filhos, o fato de não tê-los é muito triste; para quem não quer, tê-los é um padecimento, porque filhos dão trabalho, implicam responsabilidade, obrigações, sustento. No caso da maconha, penso um pouquinho diferente de você, porque não sei se é hábito, mas dependência. Dependência e hábito são palavras que não combinam. O indivíduo dependente é viciado. E a maconha não é uma droga sem efeitos colaterais. É nociva, no médio prazo, à memória, pode prejudicar o nível de concentração e a disciplina para atividades intelectuais. Se você insiste em querer usar a droga, está criando mais um impedimento para se casar. Não é uma questão de egoísmo, mas o fato é que não há meio-termo para esses assuntos.

Estudo com uma garota que deu a entender que está a fim de um relacionamento comigo. Tenho quarenta anos, e ela, 22. A diferença de idade é grande, mas esse não é o problema. A questão é que ela tem namorado. Sou muito introvertido e estou indeciso se devo tomar alguma iniciativa ou não. No passado, tive um relacionamento muito conturbado – a moça já morreu –, que dificulta novos namoros. Faz mais de um ano que estou nesse clima só de olhares com minha colega de faculdade. Ela me deu bastante expectativa, mas percebeu que fico meio desconfortável. Acho que ela deveria falar comigo primeiro. (Mário)

Sua colega não deve pagar pelos problemas que você teve no passado. Acho até que você está usando esses dissabores, que deixaram você naturalmente muito assustado e intimidado, para fugir da possibilidade de um relacionamento. Ou melhor, de uma tentativa de relacionamento. Porque, por enquanto, estamos diante de algo hipotético. Está tudo em sua cabeça, e eventualmente na dela, mas não há nada de concreto. Você usa seus problemas antigos para fugir do risco de uma relação que pode ser muito atraente e acha que ela é quem tem de tomar a iniciativa. Mas, se ela já deu sinais de que você vai ser bem recebido, você precisa ir em frente. Não adianta ela dar mais sinais. Você deveria sentar e tentar se entender direitinho com ela. E até perguntar que tipo de namoro ela mantém, porque, depois da experiência negativa que você passou, não deveria se meter em outra fria. Você tem maturidade e idade suficientes para não ficar nessa posição de querer que ela faça o primeiro movimento e pode perfeitamente abrir o jogo.

Meu marido e eu estamos juntos há mais de sete anos. Cada um tem dois filhos do primeiro casamento, todos já adultos. Nossa vida em comum é muito boa, mas a ex-mulher e a filha dele não me aceitam, me desrespeitam moralmente. Tenho passado, nesses anos todos, por várias situações de constrangimento. Esse desrespeito não me abalaria se eu sentisse que meu marido tem uma postura firme em relação à ex-mulher e à filha, que fosse solidário a mim. Mas me sinto desprestigiada por ele. Fomos ver um terapeuta de casais, porém infelizmente não passamos da primeira sessão. O terapeuta fez algumas observações muito oportunas, mas meu marido não gostou nem um pouco e não quis voltar. Gostaria de fazer terapia de casal para resolver esses conflitos e tentar salvar nossa relação. Como posso convencê-lo? (Flávia)

Não há problema mais complicado do que os rabichos que sobram dos primeiros relacionamentos. É muito difícil para um indivíduo ficar dividido entre pressões, até meio chantagistas, feitas por ex-cônjuges e pelos filhos. A filha de seu marido já é adulta e deveria ser mais compreensiva. O certo seria ele ter uma postura mais radical em relação à filha, porque me parece sensível demais ao comportamento dela. O homem que tem boa competência para se apaixonar e para se deixar encantar geralmente é meio mole para ser determinado nas horas em que deveria ser. Ex-cônjuges quase sempre são encrenca, porque, se não fossem, não seriam ex. Então, é preciso paciência e determinação. Quem sabe a história muda se você, com um pouco mais de lucidez, agir de maneira mais firme para ajudá-lo a responder mais corretamente às provocações da filha.

Meu relacionamento já tem quinze anos e minha mulher está pensando em pedir um tempo. Ela acha que nosso casamento caiu em uma espécie de amizade entre irmãos. Em minha opinião, não é desgaste, acho até que é uma evolução quase natural, porque, ao longo dos anos, o relacionamento vira amizade amorosa, e não vejo isso como negativo. Minha mulher diz que não se sente mais especial dentro de nossa relação, que acredita ser apenas uma peça de uma engrenagem. Caso fosse retirada e eu colocasse outra mulher no lugar dela, seria exatamente a mesma coisa. (Ricardo)

Para ela, você é um marido muito frio, pouco entusiasmado, muito displicente. E ela se sente um tanto desconsiderada. Não sei se o problema seria dar um tempo apenas. Ou se realmente você deveria dar um tratamento mais atencioso a ela. Reflita e imagine se isso que você está chamando de "evolução quase natural" não é deixar de fazer um agrado especial. Um pouco de ternura e de carinho não fazem mal a ninguém.

Tive um relacionamento há pouco tempo, mas não chegou a ser um namoro. Ele me procurava de vez em quando, e eu me sentia muito mal por causa disso. Gostei muito dele e resolvi falar o que estava sentindo. Não deu certo, acabamos nos separando. Existe algum meio de buscar uma relação saudável entre um homem e uma mulher? (Mariana)

Essa é uma queixa comum entre as mulheres, que manifestam claramente interesse pelos rapazes e eles titubeiam, dão para trás, não respondem tão positivamente quanto elas. Existem duas possibilidades: uma é que as moças desenvolveram um pensamento quase fantasioso, sonharam com a hipótese de uma relação mais intensa do que aquela que tinham. Ou seja, o rapaz estava pronto mais para um flerte ou para o que hoje se chama ficar, e a moça imaginou uma história romântica. Os homens, às vezes, procuram uma abordagem mais erótica, e nem sempre as mulheres compreendem dessa maneira. Parecem buscar mais o romance. Um psicólogo americano dizia que um homem, quando via uma mulher, pensava em levá-la para a cama; e a mulher, em levá-lo para o altar. Então, há uma enorme diferença de projeto inicial, e isso cria um problema do desencontro de ideias. É preciso esperar sinais mais claros de interesse por parte da outra pessoa para você se entusiasmar. Seja mais cautelosa e não avance tanto na fantasia. Não coloque na cabeça do outro pensamentos que são seus – ele precisa sempre ser consultado. Foi mais ou menos o que você fez nessa situação que viveu e, infelizmente, a resposta foi negativa.

Estive casada por quase vinte anos com um sociopata. Sabia que existia algo que não era normal, mas levei quase esse tempo para descobrir qual era o problema dele. Consegui me separar, apesar de ter sido muito traumatizante para todos nós. Tive de recorrer ao Judiciário, à polícia e tudo mais. Já estou separada há sete anos e fujo da felicidade sentimental. Não consegui ter relacionamento com mais ninguém. Tive pretendentes, mas sempre olho com muita desconfiança para eles. (Teresina)

O que intriga é imaginar como você conseguiu viver com um indivíduo como esse, porque o sociopata é quase um delinquente. Mente, bate, grita, é intolerante, agressivo, malcriado, desinteressado, pouco afetivo. Só quer receber e, diferentemente dos "egoístazinhos", o sociopata atingiu o ponto máximo do egoísmo. Não tem limites. Independentemente de você não saber o nome da doença de seu marido, dizer que o comportamento dele era "anormal" apenas é inadequado, porque há uma falha de caráter mesmo. Existe uma fronteira entre os problemas da psicologia e os da delinquência, e o do seu marido pode ser visto pelo ângulo moral – ele é moralmente uma pessoa muito duvidosa. Você diz que está sem coragem de se meter em outra empreitada sentimental, mas essa desconfiança inicial é até boa, porque, ao vencê-la, você tem boas chances de não se envolver com uma pessoa inconveniente. O que não tem cabimento é manter esse medo para sempre. Você passou por uma experiência bastante intensa, aprendeu quase tudo o que se pode aprender sobre falhas de caráter. Assim, qualquer namorado que aparecer com algum sinal parecido com os que seu ex-marido tinha, você vai ter facilidade para identificar e se afastar rapidamente. Não vai levar mais vinte anos para se livrar de um parceiro impróprio.

Tenho visto muitos casos de insucesso nos relacionamentos. Estou só, desimpedido, mas feliz com a vida. Às vezes me pego pensando se não me baseio em casamentos que não deram certo para achar que estou bem. (Juan)

Os casos de insucesso são a grande maioria das relações conjugais. Qualquer pessoa que for objetiva, equilibrada em suas emoções, competente para ficar sozinha e tiver boa situação financeira deveria pensar antes de se comprometer sentimentalmente. A ideia de que todo mundo precisa casar e ter filhos, como se fosse um regulamento, é ultrapassada. O indivíduo pode perfeitamente ficar bem sozinho. Ao olhar em volta, percebe que a maior parte dos casais se dá mal, vive em conflito, passa por atritos repetitivos. E esse sujeito tem o direito de dizer: "Não quero isso para mim". Quando e se aparecer alguém que realmente valha a pena, pode se arriscar a ter um envolvimento mais consistente. Na mocidade, as pessoas casam porque todo mundo está casando. Acontece que o indivíduo casa sem gostar muito, depois separa e se torna mais seletivo em um segundo casamento. Como já carimbou o "passaporte", pode escolher tranquilamente uma nova parceira. A vida, hoje, das pessoas sozinhas costuma ser muito boa. E porque é boa, o casamento de má qualidade não tem futuro. Ninguém mais casa por casar. E quem quiser não precisa ter pressa.

Tenho 37 anos. Sempre tive muita sorte de conhecer grandes mulheres, no entanto não consigo ser fiel. Parece que sofro de uma compulsão: traio com frequência e, no dia seguinte, me sinto muito mal. Gostaria de saber se meu caso tem tratamento, porque essa situação me incomoda bastante. (Pedro)

Gostaria de entender por que os homens traem. Meu marido é militar, está sempre viajando, mas às vezes pego alguma escapada dele. Ele é carinhoso e caseiro, e nosso relacionamento, superbom. Qual é a explicação para esse problema? (Patrícia)

O Pedro não tem nenhuma queixa de suas relações, nem das boas mulheres com as quais conviveu. O marido da Patrícia, pelo jeito, também não pode se queixar da vida doméstica. O que existe é uma espécie de pressão cultural em cima dos homens para que não percam oportunidades eróticas de jeito nenhum. Macho que é macho, segundo essa teoria, não pode deixar passar nenhuma chance, sinal de esperteza masculina. Quem é paquerador, bem-sucedido e tem facilidade no trato com as mulheres provoca admiração em outros homens. Mas o indivíduo que sai a toda a hora com moças diferentes não vive bem com ele mesmo, nem do ponto de vista sexual. Pedro, pense que, ao sair com mulheres variadas, você está sempre "estreando". E todo mundo sabe que as primeiras relações são as piores. Como o casal não se conhece, fica desajeitado, é algo meio constrangedor. A intimidade vai se construindo com o passar do tempo, de maneira que suas traições me parecem muito mais uma "obrigação" ligada à vaidade do que algo ligado ao prazer. É uma compulsão, sim, mas é uma compulsão estimulada, reforçada pela vaidade masculina, por uma cultura que estipula que um homem com muitas parceiras é alguém invejado por todos os outros. Ninguém se lembra do quanto é desagradável a vida desse homem que se relaciona com várias mulheres com as quais não tem nada a ver e mantém relações medíocres.

Estou me relacionando há oito anos com um homem casado, que tem dois filhos adolescentes. O casamento é apenas de fachada. Nos vemos todos os dias, saímos juntos inclusive aos sábados e domingos. Gostamos das mesmas coisas. Mas ele não se decide a ficar comigo definitivamente. Faço cobranças, ele sempre se esquiva. Quando tento terminar o relacionamento, ele não leva a sério, continua me procurando e eu acabo cedendo. Tenho 34 anos, e ele, 54. Até quando esperar? (Adriane)

Você tem duas possibilidades: aceitar, e esperar o tempo que for necessário para que ele mude o comportamento, ou cair fora, e ir trabalhando o sofrimento, que certamente virá. É evidente que seu namorado está acomodado nessa situação e não dá nenhum sinal de querer terminar o relacionamento, muito menos radicalizar a posição dele perante a família. Ou porque não tem interesse em fazer a divisão do patrimônio, ou porque não tem vontade de se afastar totalmente dos filhos, ou porque tem medo da intimidade muito intensa que possa vir a acontecer entre vocês, caso ele rompa com todos os elos do passado. Apesar disso, ele não quer perder o convívio com você. Só não está, no momento, interessado em tomar uma decisão que envolva casamento. A situação está como ele quer. Não acho que você tenha, obrigatoriamente, de cair fora, porque parece que há um relacionamento amoroso de boa qualidade, ainda que incompleto.

Sou casada há vinte anos e, há cinco, não amo mais o meu marido. Ele é uma pessoa geniosa, antipática e grosseira. Nosso relacionamento ficou ainda mais difícil depois que montamos uma empresa juntos. Ele trata mal os funcionários, grita na frente de todos, e eu não suporto esse tipo de comportamento, que tem afetado a vida familiar. Nossas filhas estão criando raiva pelo pai. Preciso me divorciar com urgência, mas dependo financeiramente da empresa e receio me separar e depois ter de voltar atrás por causa disso. Como resolver a situação?

Seu marido deve ter sido sempre uma pessoa geniosa, antipática e grosseira, mas parece que somente agora você viu mais claramente essas características da personalidade dele. E talvez tenha se decepcionado de modo radical. A separação se impõe, mesmo que possa ter complicadas consequências profissionalmente. Talvez, ao perceber que vai perder a estrutura familiar, ele crie juízo e tente, pelo menos, controlar-se, manter as aparências no âmbito do trabalho. Do ponto de vista da relação afetiva, vai ser bastante difícil recuperar a intimidade entre vocês. A separação acaba sendo benéfica para todos. Até para seu marido, que pode se dar conta do mal que causa ao manter um humor intratável. Quem sabe essa atitude faça com que ele passe a agir de maneira mais delicada.

Tenho 31 anos e nunca me relacionei com nenhuma mulher. Não me enquadro no padrão de beleza vigente, mas as pessoas geralmente me consideram alguem interessante. Apesar de confessar que sou muito criterioso na escolha de potenciais parceiras, quando encontro alguém que se encaixa nesses critérios, me transformo em uma pessoa extremamente tímida e não consigo me aproximar. Não tenho problema de autoestima, a não ser nessas situações. O que faço? (Jefferson)

Todo homem, quando está diante de uma mulher particularmente interessante do ponto de vista físico e intelectual, tende a ficar mais tímido e ter dificuldade na aproximação. Primeiro porque supervaloriza essa mulher, vendo-a como uma deusa em uma espécie de pedestal – e ele pequenininho diante dela. Segundo porque ela é efetivamente "perigosa". Perigosa porque o sujeito pode se envolver de maneira intensa sentimentalmente e querer até mesmo casar com ela, mudar totalmente o rumo de sua vida. Você, por ser um indivíduo mais criterioso, quando se encanta por uma moça é porque ela tem muitas propriedades positivas. Caso você não se "controle", digamos assim, vai acabar por se envolver mais do que gostaria. O fato de estar com 31 anos e nunca ter se relacionado intensamente com mulher nenhuma mostra que sua vontade para compromissos corresponde apenas a uma parte de seu cérebro; a outra metade tem bastante freio, medo de um envolvimento maior. Não se trata de um problema de autoestima, mas de medo de se comprometer para valer.

Há seis anos vivo com um rapaz de classe social inferior à minha. Ele não é bem aceito por minha família, mas estou ao lado dele porque foi o primeiro homem da minha vida. Temos um relacionamento frio, fazemos sexo quase por obrigação. Agora estou sozinha, porque ele foi trabalhar no exterior. Nesse ínterim, me aproximei de um amigo que está separado da mulher. Nossa relação é bastante calorosa, mas ele está se reaproximando da ex-mulher e meu marido deve voltar para o Brasil em breve. Tenho receio de ficar sozinha. Sei que o relacionamento com o meu marido não vai durar para sempre. Sei também que meu amigo não sente firmeza em mim. Não sei como minha família reagiria a tudo isso. Como lidar com essa situação?

Como sua família não aceita bem seu marido, provavelmente aceitaria muito bem a sua separação dele. Se você não se sente confortável e não é feliz com ele, se experimentou no outro relacionamento intensidade sentimental bastante diferente da que já viveu, você pôde ter uma visão clara do que é um romance de qualidade. O fato de ele ter sido o primeiro homem da sua vida não significa absolutamente que você deva ficar com ele para sempre. Não há razão para se acomodar nesse relacionamento nada interessante. Tente resolver, primeiro, seu casamento, para depois decidir se vai investir um pouco mais nesse relacionamento com o antigo amigo. Se ele vir que você está livre e desimpedida, talvez tenha uma atitude mais positiva em sua direção. Pode ser que ainda titubeie um pouco, indo e vindo com a ex-mulher, mas em algum momento acabará se separando.

Estou envolvido com uma mulher casada, que ficou grávida do marido. Isso está deixando minha cabeça meio atrapalhada, porque sei do sentimento dela por mim. Sinto muito ciúme. Estou perdido. (Rogério)

O sentimento que une vocês deve ser muito forte, mas, mesmo assim, ela arrumou um jeito de perturbar a possibilidade de vocês ficarem juntos. Acabou estabelecendo um vínculo ainda maior com o marido e impedindo a relação sentimental que poderia vir a ser uma história de amor bem-sucedida. Não há dúvida de que o sentimento predominante dela é em relação a você, mas ela aceitou a gravidez quase para dar um fim ao romance e, muito provavelmente, para fugir de você. Veja que absurdo: as pessoas morrem de vontade de se apaixonar, mas morrem de medo da felicidade sentimental.

Há cerca de três meses conheci um rapaz pela internet e, de lá para cá, nos falamos todos os dias. Ele mora em Portugal, e eu, em São Paulo. Estou muito apaixonada e ele diz que também está. Ele parece ser tranquilo e trabalhador e já disse que quer casar comigo. Estou morrendo de medo, porque, às vezes, penso que estou apaixonada por ele por desespero de causa. Sou bem-sucedida profissionalmente, tenho 37 anos, quero constituir família. Já perguntei se ele quer ficar comigo porque pretendo ter filhos ou se gosta realmente de mim. Ele responde que gosta e pede para que eu deixe de ser tão insegura.

Ele tem razão, porque parece que o que não falta em você é insegurança. Você insiste na possibilidade de que ele está com você por alguma conveniência. Os encantamentos que surgem pela internet dão, às vezes, a impressão de que são falsos, mas, na minha experiência clínica, pude comprovar que os envolvimentos são de qualidade idêntica aos que acontecem na vida real. Talvez tenham até uma vantagem sobre os envolvimentos corriqueiros: um conhece o outro intelectual e moralmente antes de conhecer fisicamente. Vocês ainda não se encontraram ao vivo e é natural que gostariam de ter esse contato para saber qual será o futuro da relação de vocês. Tudo leva a crer que vocês têm mais afinidades do que diferenças, o que é um bom prognóstico. Querer ter um bom parceiro, caseiro, educado e carinhoso não é desespero de causa. Espero que você tenha boa sorte e viva muito bem com seu namorado.

Sou viúva, não tive filhos. Tenho 49 anos e um relacionamento há mais de dez com um homem maravilhoso, que tem mulher e duas filhas. Não quero comprometimento. Minhas amigas me criticam, dizem que estou perdendo tempo, mas sinceramente me sinto feliz. Preciso de orientação. (Antonieta)

As pessoas vivem baseadas em normas, clichês. O bacana, para elas, é ser casada. A maior parte das pessoas não aguenta a condição de ser a outra, porque a outra é sempre a desprestigiada, tem a vaidade ofendida, é humilhada. A mulher se sente desconsiderada quando espera da relação mais do que tem ou quer aparecer em público como se fosse a oficial. Parece que nada disso é importante para você. Se o que quer é ser dona de seu nariz, ter sua liberdade, seu espaço pessoal, então está em uma situação privilegiadíssima, porque leva o melhor da relação e não tem aborrecimentos. Aparentemente, você é uma pessoa de bem com a vida, que sabe muito bem tocar seu cotidiano a seu modo, talvez um pouquinho diferente do tradicional. Não vejo nada de errado nisso. Suas amigas julgam seu comportamento, mas só você tem condições de fazer uma avaliação verdadeira. Toque a sua vida do jeito que quer. E, se você está feliz, é o que interessa.

Apesar de ter 39 anos, pareço mais jovem. Há quase um ano me relaciono com um rapaz de 21, que não mora na minha cidade e trabalha em uma empresa de viação intermunicipal. Foi em uma viagem dessas que nos conhecemos. Nos encontramos a cada quinze, vinte dias, e, quando estamos juntos, ficamos sempre na minha casa, nunca saímos para outros lugares. Nosso relacionamento íntimo é intenso. Nunca tivemos uma briga. O que tem me intrigado nos últimos três meses é que ele me liga com menos frequência. Como nunca me deu o telefone da casa dele, alegando que não para lá, nos falamos apenas pelo celular. Temos diferenças também no nível social e cultural, que a mim não incomodam nem um pouco. Ele é negro e sinto que tem preconceito contra a própria cor. Já passei da idade de ficar alimentando uma relação insegura e aventureira. Gostaria de obter uma orientação quanto a que atitude tomar. (Luísa)

As diferenças, no médio e no longo prazo, acabam se transformando em problema, obstáculo, impedimento para as relações íntimas, especialmente quando se pretende viver junto. Vocês têm uma diferença de idade muito grande, diferença de nível cultural e econômico, diferenças regionais. Ele é negro e tem lá seus problemas com a cor – talvez sinta-se inseguro, diminuído, sem vontade de circular socialmente com você. Ainda que a vida íntima seja muito agradável, qualquer possibilidade de futuro parece bastante difícil, porque todos os outros fatores operam negativamente. O moço também dá claros sinais de que está querendo se afastar, que esses obstáculos, para ele, são intransponíveis. Ele não quer se envolver em uma relação que acredita não ter chance de evoluir para algo mais consistente. Apesar de você não querer terminar o namoro, ele está cada vez menos presente e, aparentemente, com vontade de cair fora.

Sou casado há 25 anos com uma mulher que não é carinhosa, não gosta de beijar e de fazer agrado. Há semanas em que ela demonstra carinho e, quando a elogio, diz que é para eu não me empolgar muito. Será que a educação dela explica esse modo de ser? Minha sogra também não é carinhosa com os filhos. (Ângelo)

Sua mulher manipula sua sexualidade e, às vezes, quando acha que a situação está interessante, se solta. Depois, trava novamente, e solta, e trava. Brinca de ioiô com você. Em alguns momentos, faz você correr atrás dela, em outros, o rejeita. Usa o poder sensual feminino para abusar de seus sentimentos. E acredito que não tenha muito a ver com a criação dela. Tentar explicar o comportamento atual por causa do passado é psicologia um tanto superada, porque retiramos a responsabilidade das pessoas e a transferimos para a história de vida, para os traumas de infância. Se você fincar o pé e disser que esse comportamento irregular não lhe interessa, vai ter resultados muito melhores.

Faz treze anos que estou com um rapaz e, há três, fomos morar juntos. Desde o começo, ele dormia no sofá de vez em quando e, há um ano, praticamente não dorme na cama. Isso vem afetando o relacionamento, porque atrapalha a comunicação e também o sexo. Conversei com ele sobre isso e a desculpa que deu é que fica muito cansado, assiste à televisão e dorme pesado. Pode ser carência da minha parte ou continuo insistindo para que ele volte para a cama? (Júlia)

Você tem insistido e nem por isso ele voltou para a cama. Talvez seja mais sábio não continuar repetindo essa atitude. Não acho que as boas relações amorosas dependam de o casal dormir na mesma cama ou no mesmo horário. A vida moderna tem de ser repensada em termos mais ecléticos. Muitos casais dormem em quartos separados justamente porque um tem o hábito de ver televisão até tarde, outro gosta de dormir logo, um ronca muito. Antigamente, dormir junto era prova clara de amor e de que o casamento ia bem. Isso é bobagem. Você está tomando como ofensa pessoal, como rejeição, como descaso, o fato de ele dormir no sofá. Não tenho certeza de que seja isso. Acredito que seu companheiro acabe adormecendo e fique com preguiça de ir para a cama. Isso não é sinal de desgaste da relação. Seria mais razoável que você parasse de se sentir rejeitada por tão pouco.

Meu marido só pensa em ganhar dinheiro. Tornou-se materialista a tal ponto que se esqueceu de mim, de sua família, dos amigos. Tudo isso fez com que nos afastássemos e que hábitos, como o álcool, se tornassem intensos. Creio que ele não me ame mais. Alguém ambicioso assim pode mudar? Qual é a melhor forma de lutar contra a solidão? (Elisane)

O indivíduo que entra nesse ciclo de realizações profissionais começa a ter sua vaidade alimentada pelos bons resultados, passa a se sentir importante e poderoso. Às vezes, é criado mesmo um distanciamento e o sujeito não leva mais em conta a mulher, os amigos. Vai se tornando uma criatura solitária. Curiosamente, apesar de todo o sucesso, do dinheiro e da realização, tem frustrações e encontra alento no álcool. Não sei se ele não ama mais você. Acho que passou a ter um sentimento mais frouxo do que tinha porque o foco dele agora é outro: ganhar a vida, ter bastante sucesso e dinheiro. É difícil que uma pessoa assim mude, pois, conforme alcança o sucesso, sente-se mais e mais fortalecida. O sucesso reabastece a turbina de seu marido, e ele está se achando cada vez mais competente, mais orgulhoso, mais viciado nesse comportamento. Como lidar com a solidão? Você pode montar uma vida paralela, o que obviamente pode implicar o risco de se desinteressar completamente por ele. Quanto mais competente você for para ficar bem sozinha, maior a chance de querer terminar o casamento.

Sou estudante, tenho 22 anos e desisti de sair com mulheres da minha idade. Os gostos não batem, logo perco a vontade de vê-las. Faz alguns meses, comecei a sair com mulheres mais velhas. No começo até dá certo, mas depois elas querem compromisso, o que não condiz com o meu momento. Há mais ou menos um mês e meio, comecei a namorar uma advogada de 37 anos, e estamos entrando nesse impasse. Sempre acabo saindo da história como canalha, e não sou canalha. O que fazer? (Guilherme)

Não acho que seja canalha, mas você quer manter uma porta de saída muito aberta em seus relacionamentos. Como se relaciona com mulheres cuja diferença de idade é grande, e pessoalmente não está a fim de nenhum tipo de compromisso mais sério, com o passar das semanas, elas começam a insistir para que você assuma algo mais palpável. E, a partir desse instante, você tem a porta de saída aberta por causa da pressão que ela fez, como se tivesse sido enganada. Você não tem outro jeito senão sair. E já entra sabendo que não vai assumir nada. Você deve ser simpático, charmoso, sedutor. A mulher vai ficando cada vez mais encantada e espera ter um relacionamento mais consistente. Se estivesse namorando uma menina de sua faixa etária – imagino que a diferença de interesses exista porque você tem gostos mais sofisticados do que a média das pessoas de sua idade –, ela certamente não iria querer mais compromisso do que você. Estaria em uma situação bem mais parecida com a sua. E os namoros poderiam andar naturalmente e terminar se fosse chegada a hora. Você pode dizer que não é canalhice e que a mulher mais velha deveria compreender e não pressionar. Isso é muito difícil, porque as pessoas sonham, sonham diferentemente do que gostaríamos que sonhassem.

Comecei um namoro há seis meses e sempre tive dúvida de o quanto minha namorada estava envolvida comigo. Ela dizia que me amava, mas o comportamento dela não era o de uma pessoa apaixonada. Marcamos uma viagem para Natal e eu disse que, se ela não gostasse de mim de verdade, não adiantaria viajar. Ela me disse que era tudo o que queria.

Dois dias antes da viagem, ela terminou o namoro. Não fui viajar, mas ela foi. Na volta, insistiu em manter contato comigo. Falou que estava em dúvida, que sentia falta de mim. Não sei o que fazer. (Fábio)

As palavras não combinam com as ações, e você tem que levar em conta as ações. Quem ama se dedica, é carinhoso, disponível, tem vontade de uma vida sexual intensa, sente prazer em estar junto, sonha com a possibilidade de passar alguns dias viajando. Fazer o que sua namorada fez indica, mais do que confusão, certa falta de firmeza de caráter. Se você for tolerante com isso, estará abrindo um precedente para que ela faça o mesmo no futuro. Em seu lugar, não consideraria a tentativa de reaproximação. Daria um chega para lá de vez. Ela não é o último refrigerante do deserto – há outras pessoas no mundo e você não precisa ficar se submetendo, fazendo concessões em nome de um sentimento duvidoso.

Faço o bem para a minha família, ajudo na parte financeira, até porque sou mais estudado. Auxilio todo mundo na igreja. Minha dúvida é no casamento: dá para identificar se a pessoa gosta realmente de mim ou fica comigo porque sou bonzinho? (João)

Já deu para perceber que não é tão bom ser bonzinho, não? É preciso separar o que é altruísmo do que é generosidade. Quando você ajuda a igreja, anonimamente até, estamos falando de altruísmo. E é sempre uma coisa boa. Quando a pessoa participa de uma ONG, auxilia instituições decentes de caridade com dinheiro, tempo ou energia despendida. Na família, você pode ajudar com o intuito de dominar, de ter poder sobre as pessoas, e, então, já não estamos falando de ser bonzinho – vai depender da resposta de seus parentes. Se responderem com gratidão, quer dizer que você é mesmo uma pessoa legal; mas, caso tenham ressentimentos decorrentes de sua ajuda, estamos diante de generosidade duvidosa. Na questão conjugal, toda vez que o indivíduo doa muito, reforça o egoísmo do outro, faz o mal, e não o bem, porque, para você poder exercer sua generosidade, tem de reforçar a pior parte da alma do outro. Então, nesse sentido, a generosidade deixa de ser virtude. Enfraquece a pessoa que está recebendo, e você não sabe mais se ela está com você por amor ou por necessidade crescente. Ajudar o outro a progredir e a se tornar parecido com você é uma coisa boa, mas deixa de ser, caso você se beneficie de sua superioridade para deixar o outro carente, frágil e dependente.

CONTATOS
INTRINCADOS

Os problemas de relacionamento têm se complicado ao longo das últimas décadas. Sim, porque existem inúmeros divórcios, que determinam complexas relações entre os filhos de relacionamentos anteriores e os novos parceiros de seus pais (e eventuais filhos desses parceiros, também frutos de relacionamentos anteriores). No trabalho, as relações também têm se tornado mais frouxas. Já é um fato: as pessoas trocam de emprego com uma frequência muito maior do que no passado, o que gera instabilidade e competição e estimula certos comportamentos desleais.

Muita gente boa acaba sendo prejudicada, já que não raramente é vítima de pressões ou calúnias de egoístas, competentes tão somente em defender com unhas e dentes seus direitos e em tentar se apropriar daquilo que não lhes pertence. A cultura continua a enaltecer a generosidade como uma grande virtude, o que incensa a vaidade de muitos desses que se deixam abusar pelos mais espertos.

Nesse mundo dividido entre generosos e egoístas, reforça-se a vocação para a dependência, que pode ser dupla: entre pessoas ou por drogas. Em outras palavras, nossa sociedade não estimula em nada a independência de cada um de nós. Critica o uso de drogas, mas estimula as condições emocionais para que sejam mais e mais procuradas. Não espanta, pois, que os resultados obtidos até agora no combate à dependência química tenham sido ínfimos.

*

Os pais de meu namorado estão separados e se relacionam com outras pessoas. A mãe dele namora um homem pobre, alcoólatra, fumante, que sofre de câncer e diabetes. Os filhos desse homem não têm recursos para ajudá-lo. Meu namorado está preocupado com o bem-estar da mãe, que não sabe lidar com dinheiro. Receio que a preocupação com os problemas da mãe o impeça de crescer profissionalmente. O que posso fazer para ajudá-lo? (Carol)

O problema não é crescer profissionalmente, mas conseguir crescer emocional e moralmente. Ou seja, como ele vai conseguir se transformar em uma pessoa mais rigorosa e um pouco menos generosa. Porque ele é filho, não tem que ser pai da mãe dele. Precisa se preocupar com ele mesmo, e não ser babá do comportamento um tanto negligente e irresponsável da mãe. Ela conseguiu uma coisa fantástica: arrumar um namorado com todos os problemas do mundo e com filhos que não ajudam em nada. Seu namorado tem uma atitude bastante ingênua ao imaginar que pode contribuir para a melhoria da situação em que a mãe está. Ele precisaria ter um pouco mais de bom-senso e juízo para entender que não tem como assumir responsabilidades desse porte. Não há como ser provedor da mãe, a fonte de aconchego e atenção dela. Esse papel não cabe a ele. Evidentemente, essa encrenca familiar pode impedi-lo de construir uma história adequada para ele mesmo. E o namoro de vocês pode não evoluir para um convívio mais definitivo. Generosidade em excesso é um defeito quase tão grave quanto egoísmo.

Minha mulher e eu dividimos o apartamento com meu cunhado. Ele tem 24 anos, é homossexual e não quer saber de trabalhar ou ajudar nas despesas da casa. Não procura emprego e, quando conseguimos agendar alguma entrevista de trabalho, ele não comparece. Traz outros homossexuais para jantar em casa, relacionam-se no quarto. Às vezes, são três ao mesmo tempo. Não sei mais o que fazer. Já pensei até em registrar um boletim de ocorrência.

Você e sua mulher deveriam tomar uma atitude radical e definitiva em relação a seu cunhado para que ele deixasse de morar com vocês. Finge que procura trabalho, mas está acomodado nessa situação, que precisa ser desfeita. Egoísta, irresponsável e até inconveniente, perturba a harmonia da casa, onde é apenas um dos integrantes. Se morasse sozinho, poderia fazer da vida tudo aquilo que a consciência e a vontade permitissem. E tudo aquilo que a condição financeira autorizasse. O que não tem cabimento é ele fazer toda essa graça e ter esse comportamento desajustado, sendo dependente financeiramente de vocês. Além de não cooperar com as despesas, é bem provável que ele também não ajude nos cuidados da casa. Quer dizer, é o que se pode chamar de folgado. E folgados existem porque sempre há uma pessoa (ou mais de uma) que autoriza e permite esse tipo de comportamento. É preciso dar um fim à mordomia.

Estou envelhecendo muito só. Não constituí família, os amigos que fiz ao longo da vida estão se afastando, alguns já morreram. Parece que não há mais nada em comum com os poucos que mantive contato, porque tenho interesses mais intelectuais, ao contrário deles. Como fazer para não me sentir tão sozinha? (Nazaré)

Com o passar dos anos, mesmo quem constituiu família tem essa sensação de solidão. Porque os ascendentes – tios, pais, avós – já morreram. Os filhos, muito frequentemente, afastam-se, vão viver a vida deles. O que salva uma pessoa depois de certa idade é justamente ter interesses mais intelectuais, porque esses são infinitos e implicam uma ocupação do tempo quase definitiva. Há sempre livros para ler, filmes para assistir, boa música para ouvir. Esses são os maiores companheiros de toda a vida. Evidentemente, você pode buscar algum tipo de atividade social, como participar de uma ONG, ou fazer cursos que correspondam a seus interesses intelectuais. Nesses lugares, é mais fácil conhecer pessoas com quem possa dividir gostos mais aparentados com os seus. Ao longo da vida, os amigos, aqueles de que gostávamos porque gostávamos simplesmente por causa de um aconchego histórico, vão embora mesmo. Em volta de nós ficam os parceiros com afinidade. Em cada fase da vida, esses parceiros são diferentes. E, se você tem interesses intelectuais, está com a velhice garantida. Não se aflija demais, porque a velhice tende a ser um período mais sossegado.

Tenho 42 anos, um único filho, de seis, e uma dúvida: sou muito amoroso com esse menino. Gosto muito de abraçá-lo e beijá-lo e tenho medo de incentivar o homossexualismo nele. Receio que, no futuro, ele venha a procurar carinho em outros homens. (Alaor)

Esse era um temor que existia no passado. Os pais não abraçavam e beijavam seus filhos justamente por medo de estarem contaminando as crianças com estímulos eróticos de natureza homossexual. Alimentavam a ideia de que ternura, carinho e tesão eram coisas muito parecidas, faziam parte do mesmo pacote, do mesmo sentimento. Hoje, as pessoas conseguem separar ternura de interesse sexual. A relação que você tem com seu filho parece ser muito boa. Então, é normal se apegar muito a ele. E há aí uma contrapartida amorosa, tudo puramente sentimental. Um menino que cresce tendo uma relação positiva com a figura paterna dificilmente será vítima de qualquer tipo de dificuldade na vida sexual futura. Seu filho é um abençoado pelo bom temperamento e favorecido por ter, no ambiente familiar, esse clima de carinho, de aconchego. Não tenha pudor em ser carinhoso. Carinho e ternura não estimulam a vida erótica e não estão ligados à homossexualidade. Homossexualidade pode ter algum vínculo com uma figura paterna brava, grosseira, que mantém um clima de agressividade em casa. Relaxe e aproveite esse presente que é ter um filho legal como o seu.

Cerca de três meses atrás, uma funcionária foi admitida no meu setor e passou a demonstrar ser uma pessoa extremamente carente. Tenta chamar a atenção de todo mundo, é negativa, reclama o tempo todo que sente dores de cabeça

e nas costas, imaginárias, provavelmente, já que goza de plena saúde. Tenho me sentido um guichê de autoajuda, porque procuro desviar o pensamento dela de toda essa negatividade. Mas isso tem me afetado. Cheguei a pensar em pedir para sair do setor apenas para não ter que conviver com ela durante essa maré de baixo astral. O que posso fazer para tentar me proteger de tudo isso? (Renata)

Parece que você é aquele tipo de pessoa que, quando alguém está triste a seu lado, sente que tem a obrigação de ajudar, de dizer sempre uma palavra de incentivo – você mesma disse que virou um compêndio de autoajuda. A primeira coisa a fazer é se desobrigar definitivamente de dar qualquer tipo de amparo, auxílio ou colo. Parece que sua colega é uma pessoa que abusa da situação e é até um pouco chantagista, porque se beneficia da boa vontade das pessoas para se fazer de coitadinha. O jeito de você se preservar é se distanciar mesmo, já que não é a salvadora dessa moça. Você não é médico de UTI, não tem que cuidar da saúde mental dela. Precisa, sim, cuidar de seu trabalho e, principalmente, preservar sua integridade.

Tenho 21 anos, faço terapia há três anos e a terapeuta descobriu que tenho uma dificuldade muito grande de manter meus relacionamentos mais próximos. Meus melhores amigos são aqueles que moram longe ou aqueles que vejo

a cada três ou quatro meses. Nos relacionamentos amorosos, quando terminavam, sempre achava que os homens eram cafajestes. Na terapia, descobri que eram minhas atitudes que impediam meus relacionamentos de se manterem. Agora, estou gostando de um homem, flertando com ele, e estou com muito medo. Medo de me aproximar. Comprei um presente, mandei uma mensagem e, quando ele me ligou de volta, não consegui atender o telefone. Minha insegurança acaba me atrapalhando. (Daniela)

Você precisa aprender a correr riscos. Não é possível ter relações de amizade sempre à distância ou manter um pé atrás com todo mundo. O medo de cair do cavalo aumenta muito o risco de cair mesmo. E estou fazendo uma comparação literal: em vez de se botar aprumado, o cavaleiro segura a crina ou aperta demais o animal, atitudes que acabam irritando o cavalo, que dá um pinote e derruba quem está em seu lombo. Talvez, para você, falte apenas um pouco mais de coragem para cair. Você é bem jovem ainda, somente 21 anos, tem muito o que aprender, muitos tombos para levar. Quando caímos do cavalo e montamos de novo, ganhamos experiência, formamos um conjunto de ideias que vai nos deixando cada vez mais competentes, cada vez mais habilitados para as relações.

Tenho um filho que estava casado havia vinte anos. Agora, o casal enfrenta problemas e ele quer ficar na minha casa.

Tenho minha vida organizada, sou viúva, e a presença dele vai dar uma virada em todo o meu esquema. Devo recebê--lo de volta? (Maria Luísa)

Francamente, acho que não. As mães também "crescem", tornam-se mais independentes, criam seu sistema de vida. Mesmo tendo grande amor pelos filhos, que não devem agir como crianças, talvez não queiram ter esse tipo de turbulência dentro de casa, o que é perfeitamente razoável. Não acho que você deva se sentir obrigada a receber seu filho só porque é filho. Não há nenhuma razão para ele não encontrar outra solução para sua solteirice. A não ser que seja algo momentâneo, transitório. Se ele estiver em uma situação difícil financeiramente, você pode acolhê-lo. Mas, se o cidadão resolveu se separar e se mudar para a casa da mamãe nessa altura da vida, a mamãe pode não querer incorporar esse novo personagem em sua rotina. Porque ele é um novo filho, que estava vivendo outra vida. Acolher, sim, mas se for por um período agudo apenas.

Tenho 43 anos e uma mãe de setenta, bem jovial, que é muito dominadora. Vivo em uma prisão. Se for até a portaria do prédio para pegar correspondência, ela revira todas as minhas coisas, joga no lixo o que bem entender. Tive depressão, cheguei a ficar dois anos de cama. O que estou vivendo não é vida. Pretendo morar sozinha, até já com-

prei um apartamento, mas vou ter uma vida pobre. A única coisa que queria era ter energia para trabalhar em algo simples. Quando acordo, sei que é mais um dia perdido. (Márcia)

É melhor ter uma vida pobre e livre do que qualquer outra vida. Fico impressionado ao ver que você está sendo oprimida por sua mãe, que mexe em tudo, e não toma nenhuma providência para cair fora. Em vez de imaginar que sua liberdade vai acontecer no dia em que ela for para o céu, tome a atitude de ficar livre aqui na Terra. Sua depressão pode ter a ver com essa situação complicada que você vive. Você precisa se afastar de sua mãe, com todo o respeito, porque ela tem um temperamento que não combina com o seu jeito de ser. Não planeje apenas a mudança – execute-a. O mais rapidamente possível.

Meu filho de catorze anos tem uma relação muito difícil com a mãe, que cobra dele comportamentos que ela própria não tem. Por exemplo: é bagunceira e exige que ele seja ordeiro; ela fala palavrão dentro de casa e briga quando ele diz qualquer um. Quando é cobrado sobre a maneira como trata a mãe, às vezes rudemente, e sobre o motivo de não falar comigo do mesmo modo, responde que eu o respeito. Será que posso tratar dessa questão diretamente com meu filho? Não me parece muito ético fazer acusações à mãe, de quem estou separado há oito anos.

Nas separações, sempre existe um modo duplo de operar. O maior problema educacional é exatamente esse: dois referenciais. É muito raro o casal gostar das mesmas coisas, pensar do mesmo jeito, ter o mesmo tipo de atitude diante dos dilemas da vida. Todo par tem diferenças, e elas se tornam até mais claras e mais marcadas quando há o divórcio. A educação está fundamentada em exemplos. Se o pai atuar de um jeito e a mãe de outro, o filho pode ficar passeando entre esses dois modelos, com valores diversos e liberdade difícil de ser controlada. Por mais que você não queira colocar as coisas muito objetivamente a seu filho, para não indispô-lo com a mãe, precisará deixar claro que você funciona de um jeito e a mãe de outro. Seu filho terá que se definir pelo modo que estiver mais adequado à maneira dele de ser. Você não deve fazer de conta que não prefere educá-lo a seu modo, caso contrário criará um dilema para seu filho. E, indiretamente, estará criticando a mãe dele. Mas você não pode ser omisso. A saída para todos nós, por hora ainda pouco comum, seria casarmos com uma pessoa parecida conosco e vivermos junto sem discórdia o restante da vida, para que os filhos tivessem um único padrão educativo.

Tenho um relacionamento homossexual há treze anos. Abrimos juntos uma empresa de contabilidade e começamos a ter uma convivência diária intensa, de oito a dez horas

por dia no escritório, mais a vida em comum em casa. O escritório não vai nada bem e nosso relacionamento degringolou por causa da falta de dinheiro. Hoje, o que nos une é o ideal de salvar o negócio. Sei que ele vive outro relacionamento. Não consigo sair desse emaranhado, me sinto cada vez mais solitário, infeliz. O que me incomoda é que eu teria de deixar a casa. Foi um patrimônio construído em conjunto. E não acho que o momento seja de dividir, mas de somar. (Carlos)

Acho que você deveria pensar se não é o caso de deixar de ser o "oficial" e cair fora dessa relação de uma vez, até para ter mais motivação e energia para salvar o negócio. Seria uma tentativa de unir forças em benefício de um bem. O fato de você saber que ele está em outra história afetiva atrapalha você profissional e emocionalmente. E "estar junto" talvez seja humilhante para você, mais prejudicial do que um afastamento. Não sei se é hora de dividir patrimônio, mas acho que é hora de se distanciar fisicamente. Com isso, você criaria uma condição menos desconfortável, que permitiria até que buscasse outra companhia. É sempre melhor se separar cordialmente.

Estou com a minha autoestima muito fragilizada. Tenho quarenta anos e minha mãe sempre me desprezou, sempre manifestou uma ligação mais forte com minha irmã, mais

velha do que eu. Recentemente, minha mãe passou a sentir prazer em expressar opiniões contrárias à minha. Cheguei à conclusão de que a odeio, mas me sinto deprimido por isso. Como lidar com esse sentimento?

Não vejo por que você está tão deprimido. Não há necessidade de odiar tão intensamente sua mãe. É certo que ela comete um grande equívoco, mas não de preferir sua irmã, porque é um direito dela ter uma favorecida, ter mais identificação e empatia com sua irmã do que com você. Não é porque são dois filhos que os pais precisam obrigatoriamente gostar deles de forma igual. Essa é uma visão equivocada e ingênua. Mas o fato de ela manter essa implicância com você, sempre se contrapondo às suas ideias, é algo irritante, perturbador. Claro que o fato de ela ter essa conduta faz com que não seja a mãe com que você sonhou. E isso prejudicou sua autoestima. Como lidar com esses fatos agora? A melhor saída é se afastar dela, em vez de odiá-la.

Desde muito cedo, meu filho único, hoje com 24 anos, dá sinais de egoísmo. Eu o criei sozinha, sem a presença do pai, e sempre fui muito generosa com ele. Será que foi esse o meu erro? (Helena)

O egoísta é, basicamente, um tipo que recebe mais do que dá, tanto afeto como benefícios. Quando muito pequena, a criança não tem outra fonte de satisfação que não aquilo que vem de fora. Mas, desde cedo, deveria ser estimulada a começar a responder às atenções e aos cuidados que recebe, porque o egoísmo não se desfaz naturalmente. Crianças costumam ser intolerantes, imediatistas, choram e esperneiam para ter as coisas na hora. Se o adulto cede, dá tudo o que ela quer, estimula o lado imaturo, e não a ajuda a crescer. Endurecer um pouco pode ser bom, mesmo com seu filho já crescido. Obviamente, ele não vai gostar, porque está acostumado a mordomias. No entanto, a tática mais sábia seria dar a ele apenas o básico de atenção e deixar claro que, daqui para a frente, você espera que ele retribua o seu carinho. Caso contrário, ele nunca sairá desse clima de achar que tudo é para ele, para ele, para ele.

As palavras não têm o poder de resolver problemas, mas podem causar um clarão que modifique o comportamento? Pergunto isso por causa de questões individuais e também de relacionamento, já que uma pessoa pode estar disposta a ouvir a outra. (Daniel)

As pessoas imaginam que, com as palavras, vão promover grandes mudanças no modo de ser do outro. Acham que, ao fazer observações, às vezes muito ponderadas e inteligentes, seduzem e levam o outro a se modificar. Naquele momento preciso, o outro pode até dizer que concorda, que acha importante mudar etc. e tal, mas, depois, mantém seu jeito de ser. Ninguém muda com facilidade, ainda mais por força de algo que tenha ouvido. Às vezes, algumas palavras levam a um *insight*, a uma visão interna, e é esse *insight* que pode ser fator de mudança. Porque, de repente, a pessoa consegue ter um clarão acerca de algo importante que está acontecendo dentro dela mesma. Acredito mais nesses estados internos do que no poder das palavras nos relacionamentos, a não ser que o outro esteja mesmo muito disposto a nos ouvir e tenha pedido a nossa opinião. Quando fazemos uma observação pertinente, sabemos o impacto que provoca. E, quando temos um *insight*, acabamos tendo bons instantes de introspecção. Momentaneamente, podemos ficar mais tristes por tomarmos consciência de nossos erros. Mas, depois, temos a clara percepção de que novas oportunidades para o futuro estão chegando.

Comecei a notar que o comportamento de minha sobrinha, de quinze anos, estava muito estranho. Em um final de semana em que ela ficou comigo, descobri maconha, alguns comprimidos, colírio nas coisas dela. Levei esses comprimidos ao Denarc [Departamento de Investigações sobre Narcóticos] e conversei com um delegado, que detectou não ser *ecstasy*, mas uma droga perigosíssima, que vem do Paraguai, um vasodilatador. Tanto meu irmão

como minha ex-cunhada, que estão separados, são relapsos nos cuidados com essa filha. Como poderia ajudá-la? Parece que estou invadindo a vida da menina e dos pais, e meu excesso de preocupação está gerando ciúme familiar. (Marcos)

Os pais são negligentes, e você, como tio, toma as iniciativas que deveriam ser deles. Ao mesmo tempo, você não tem autoridade para dar um fim àquilo que vê e fica com as mãos amarradas. A conduta correta, aqui, seria tomar uma atitude bastante enérgica com a menina, eventualmente impedindo que sua sobrinha continue a ter companhias que possam induzi-la a esse tipo de comportamento. Deveria ser tomada uma atitude mais ativa, mais agressiva até em relação à menina, para que não tivesse acesso às drogas. Seria uma reação intencional para mostrar claramente que a família se opõe ao comportamento dela. Porém, isso só pode ser feito pelo pai e pela mãe, dificilmente por um tio, que parece querer assumir espaços que seriam, de direito, dos pais. Você dá mostras de ser um indivíduo que quer invadir um território que não é seu. E, de fato, tem muito pouco a fazer. Talvez, o melhor seja dizer à sua sobrinha que sabe o que está acontecendo e que acha tudo isso muito errado. E, se ela quiser, poderá contar com a sua ajuda. Para os pais, "bata" mais firme: diga que são irresponsáveis e absolutamente negligentes diante de um problema tão grave.

Sempre se fala que a razão se sobrepõe à emoção e que temos de ser mais racionais do que emocionais. Observo que as pessoas racionais são mais diretas, às vezes frias. As emocionais, às vezes, não se definem para resolver um problema. Fala-se muito, hoje, em inteligência emocional. Seria uma mistura da razão com a emoção? (Miriam)

A boa forma de operar talvez seja a favor da razão, e não da emoção. A inteligência emocional significa vitória da razão sobre as emoções. Não a vitória daquele racionalismo do século XIX, que oprimia as emoções, mas a vitória de não se deixar escravizar e agir de acordo apenas com aquilo que se sente. Porque, se a emoção implicar uma reação agressiva, violenta, em certas circunstâncias pode ser algo intolerável, principalmente se estiver ligado ao ambiente de trabalho. Ter reações explosivas não é sinal de sabedoria. E manter o controle sobre si mesmo, ser o senhor de si mesmo, não é ser frio, absolutamente. É apenas ter domínio de seus sentimentos. O indivíduo pode ser perfeitamente emotivo e delicado, ter alma sutil, e, ao mesmo tempo, ser firme em suas decisões. Não tem de ser escravo nem da agressividade, nem da inveja, nem do ciúme, nem mesmo do amor ou do desejo sexual. Neste caso específico, será que toda vez que uma pessoa tiver vontade de transar deve necessariamente fazer isso? Vontade não quer dizer muita coisa. Se a vontade será executada ou não, é outro caso. Ser mais racional e mais razoável é conveniente, sim.

Edição e preparação
Ana Tereza Clemente

Revisão
Vivien Hermes

Capa, projeto gráfico e editoração eletrônica
Marina Mayumi Watanabe

Foto do autor
Paulo Guimarães

Transcrição de fitas
Adriana Oliveira

Editora Globo S.A.
Av. Jaguaré, 1.485
São Paulo, SP, Brasil
CEP 05346-902
www.globolivros.com.br

CIP – Brasil. Catalogação na Fonte
Sindicato Nacional dos Editores de Livros, RJ

G391n

Gikovate, Flávio
No divã do Gikovate / Flávio Gikovate. – São Paulo : Globo, 2009.
(CBN Livros; 2)

ISBN 978-85-250-4780-9

1. Amor. 2. Casamento. 3. Ciúme. 4 Inveja. I. Título. II. Série.

09-5632. CDD: 152.4 CDU: 159.942
28.10.09 04.11.09 016015

1ª edição, 2009

Texto fixado conforme as regras do Novo Acordo Ortográfico da Língua Portuguesa (Decreto Legislativo n.º 54, de 1995).

Este livro, composto nas fontes
Fairfield e Helvética, foi impresso
em Pólen soft 80 g na Gráfica Ave Maria.
São Paulo, Brasil, primavera de 2009.